Druck:
CPI Druckdienstleistungen GmbH
im Auftrag der
Zeitfracht Medien GmbH
Ein Unternehmen der Zeitfracht - Gruppe
Ferdinand-Jühlke-Str. 7
99095 Erfurt

FSC
www.fsc.org
MIX
Papier | Fördert
gute Waldnutzung
FSC® C083411

Zeitfracht Medien GmbH
Ferdinand-Jühlke-Straße 7
99095 Erfurt, Deutschland
produktsicherheit@kolibri360.de

سماح ميهوب

الرياضيات المالية

سماح ميهوب

الرياضيات المالية

Noor Publishing

Imprint

Cover image: www.ingimage.com

Publisher:
Noor Publishing
is a trademark of
Dodo Books Indian Ocean Ltd. and OmniScriptum S.R.L publishing group

120 High Road, East Finchley, London, N2 9ED, United Kingdom
Str. Armeneasca 28/1, office 1, Chisinau MD-2012, Republic of Moldova, Europe
Printed at: see last page
ISBN: 978-620-4-72410-2

الفهرس

المقدمة :

تعتبر الرياضيات المالية من الأدوات الكمية الضرورية للمؤسسات الإقتصادية ، فهي تقنية أساسية لابد من توافرها لدى المهتمين بالنواحي الإستثمارية في سوق المعاملات المالية والتجارية، فلقد أصبحت تدخل في العديد من جوانب العلوم المالية كالإدارة ، المحاسبة، العلوم المصرفية .

نهدف من وراء تدريس هذه المادة إلى تمكين الطلاب من التحكم بالأسس العلمية اللازمة للوصول إلى القرار السليم لتحديد العائد الذي يتحصل عليه المستمر نتيجة لتوظيف أمواله خلال فترة معينة ،من خلال دراسة الواقع والتغيرات المالية الآنية وتسجيلها بالإضافة إلى إستقراء المستقبل الخاص بالمشاريع الإستثمارية .

إن الموضوع الأساسي للرياضيات المالية هو الفائدة سواء في المدى القصير أو الطويل ، ودراسة هذه الأخيرة تستمد أهميتها بكونها لم تعد تستخدم فقط في المصارف، وإنما أصبحت تعتمد كمعدل عائد يدخل في دراسة الكثير من المواضيع كإدارة الإستثمار، إدارة المحفظة المالية و دراسة الجدوى الإقتصادية للمشاريع سواء كانت جديدة أو التوسع في نشاط في السوق ، كما يستخدمها المسؤول في المؤسسة في تسيير المعاملات المالية والتجارية للمورد والزبون في إختيار طرق التسديد ، التحصيل ومتابعة مختلف التغيرات التي تطرأ على الحسابات المصرفية للمؤسسات .

لذا حاولنا تغطية هذا الموضوع بأسلوب بسيط مدعوم بأمثلة متنوعة ، كما أرفقنا كل جزء بمجموعة من التمارين حتى يتمكن القارئ من الفهم الجيد والإلمام بمختلف عناصر الموضوع، وبهدف ذلك تم تقسيم العمل إلى قسمين أساسيين :

القسم الأول: نحاول من خلاله تغطية العمليات المالية قصيرة الأجل من خلال تطرقنا للأسس العلمية للفائدة البسيطة ، الدفعات المالية ، الخصم والتسويات المالية ، وكذا الحسابات الجارية .

أما القسم الثاني: فسيتم من خلاله دراسة العمليات المالية طويلة الأجل من خلال تطرقنا للأسس العلمية للفائدة المركبة ، إستخدام الجداول المالية ، القيمة الحالية ، التسويات المالية، ثم بعدها نعرض جزء خاص بإستهلاك القروض من خلال التعرف عن مختلف الطرق التي تعتمدها المؤسسات والعملاء في سد ما عليها من مستحقات مالية .

لذا أرجو أن يكون هذا العمل عونا لكل يرغب في تطوير معلوماته في هذا الجانب .

القسم الأول : العمليات المالية قصيرة الأجل :

الفصل الأول : الفائدة البسيطة

أولا:الأسس العلمية للفائدة البسيطة

ثانيا : الدفعات المالية في الفائدة البسيطة

ثالثا : تمارين الفصل الأول

الفصل الثاني : الخصم والتسويات المالية في الفائدة البسيطة

أولا: خصم الديون

ثانيا: التسويات المالية وإستبدال الأوراق التجارية

ثالثا : تمارين الفصل الثاني

الفصل الثالث : الحسابات الجارية للمعاملات المالية

اولا : مفاهيم عامة للحسابات الجارية

ثانيا : طرق إعداد الحسابات الجارية .

ثالثا : تمارين الفصل الثالث

الفصل الأول : الفائدة البسيطة

تمهيد :

تعتبر الفائدة عنصر أساسي في عمليات التمويل سواء القصير أو الطويل الأجل، فهي العائد على رأس المال ، حيث تعتمد في العديد من المؤسسات المالية وخاصة المصارف، والجدير بالذكر أنها أصبحت محل إهتمام كبير خاصة بعد تطور عمليات الايداع ،الاقراض والشراء والبيع الأجل وإنتشار البيع بالتقسيط .

قبل البدأ في دراسة عناصر هذا الفصل يجدر بنا أولا التفرقة ما بين الفائدة ومعدل الفائدة، فمصطلح **الفائدة** يعني العائد أو التعويض المادي الناتج عن إستثمار أو اقتراض أموال الغير ، فهي تمثل المقابل المادي لرأس المال بإعتباره أحد عوامل الانتاج فهي تشبه الريع وأجر العمل ، وتعتبر الحافز المادي لإستخدام رأس المال وتشغيله في خدمة المجتمع بدل الإكتناز [1].

كما عرفت على أنها ناتج إستثمار رأس المال المستغل في القروض، الودائع ،السندات والديون على إختلاف أنواعها[2].

أما **معدل الفائدة** يعرف كذلك بسعر الفائدة وهو مقدار من المال ينتج عن توظيف أو إستثمار وحدة واحدة من المال خلال فترة زمنية معينة ، فهو نسبة مئوية لمقدار الفائدة .

بعد تعرفنا على هذين المصطلحين سنحاول إدارج أهم العناصر المتناول هذا الفصل، والمتمثلة في الفائدة البسيطة والقوانين الأساسية المرتبطة بطريقة حسابها ، ثم نعرض الجملة أو القيمة المكتسبة لمبلغ و عدة مبالغ والدفعات المالية ، الخصم، التسويات المالية وكذا الحسابات الجارية.

أولا:الأسس العلمية للفائدة البسطة:

ندرج خلال هذا العنصر مفهوم الفائدة البسيطة والجملة سواء في حالة إقتراض أو ايداع

1- تعريف الفائدة البسيطة : Intérêt Simple

هي مبلغ من المال ينتج عن توظيف أو إقراض مبلغ مالي معين خلال فترة زمنية <u>**عادة**</u> سنة فأقل ،

كذلك تعرف على أنها الأجر أو المقابل الذى يدفعه المدين إلى دائنة نتيجة إستخدامه لأموال دائنة فى نهاية مدة زمنية معينة ، فإذا إقترض شخص مبلغا من المال من أحد البنوك لمدة معينة وبمعدل فائدة متفق عليه،

1- عبد الجواد عبد العزيز ، الرياضيات مالية ، الطبعة الاولى دار الصفاء للنشر والتوزيع ، عمان، سنة 1999، ص17

2-غازي فلاح المومني ، الرياضيات المالية المعاصرة ، الطبعة الأولى ، دار المناهج للنشر والتوزيع ، الأردن ، 2006 ، ص 111

فإنه يدفع إلى البنك فى نهاية مدة القرض المبلغ الذى اقترضه بالإضافة إلى الفائدة المستحقة عليه من إقتراض هذا المبلغ من البنك[1]

وبالتالى يمكن القول أن قيمة الفائدة المستحقة عن استثمار مبلغ ما تتوقف على العوامل الآتية : المبلغ المستثمر، معدل الفائدة و مدة الاستثمار.

وعليه يمكن إستنتاج الطريقة التي تحسب بها الفائدة كمايلي :

$$I= C.T.N \quad \text{.................................(1)}$$

نرمز للفائدة ب I

نرمز لرأس المال الموظف ويطلق عليها **بالأصل ب**C

نرمز لمعدل الفائدة المعمول به ب T

نرمز لمدة التوظيف أو الإقراض ب N

2- تحليل قانون الفائدة البسيطة:

2-1- المعدل :

يعطى معدل التوظيف في أغلب الأحيان سنوي لحساب الفائدة ، كما يمكن أن يكون جزء من السنة بمعنى نصف سنوي، ربع سنوي، فصلي، شهري ....إلخ .

2-2- مدة التوظيف :

تحدد لنا طبيعة المدة وكذا نوع الصيغة الجزئية المستخدمة لحساب الفائدة ، وعلى هذا الاساس يمكن إستخراج صغتين أساسين هما:

$$\text{.............}I= C.T.m/12 \quad (2)$$ تدل على أشهر مدة التوظيف **m**

$$\text{.............}I= C.T.j/12 \quad (3)$$ تدل على أيام مدة التوظيف **j**

بعد التعرف على طبيعة الصيغة المعتمدة في الحساب نأتي الآن لطريقة حساب المدة وفيها عدة طرق :

2-2-1-المدة بالأشهر :هنا عادة تذكر صراحة كأن نقول 4أشهر، 8أشهر ....إلخ ، وبالتالي تحسب كما هي بدون زيادة أو نقصان من خلال الصيغة الجزئية رقم (2) .

2-2-2-المدة بالأيام :نميز في هذه الحالة نوعين أساسيين :

---

[1]- يحي موسى حسين الجبالي ، الرياضة المالية ، القاهرة، 2003، ص 8

-المدة تذكر صراحة كأن يقول مدة التوظيف أو التسديد 40 يوم 150يوم ....إلخ وتسجل كما هي بدون زيادة أو نقصان وتحسب الفائدة بإعتماد الصيغة الجزئية (3)

- تذكر المدة في شكل مجال : مثلا التوظيف يتم من 8 أوت2015 إلى 10 سبتمبر 2015 ، في هذه الحالة يتم حساب عدد أيام الأشهر كما هي بدون زيادة أو نقصان مع الأخذ بعين الإعتبار لطبيعة السنة سواء كانت عادية أم كبيسة ويتم حذف يوم الإيداع أو يوم السحب .

مثال :

احسب مدة توظيف مبلغ ما تم إيداعه يوم 10سبتمبر 2015 إلى غاية 12ديسمبرمن نفس السنة

الحل :

حساب مدة التوظيف:

$J= (30-\mathbf{10})+31+30+12=20+31+30+10=93$

هنا تم حذف اليوم 10 معناه يوم الإيداع

$J=21+31+30+11=93$

هنا تم حذف اليوم 12 معناه يوم السحب

كما أنه يمكن حساب المدة الكلية للتوظيف في حالة مجال بإستخدام جدول خاص يعتمد في ذلك أنظر **الملحق رقم (1)** ، من خلال حساب الفرق بين القيمة المقابلة لتاريخ نهاية الإيداع مع القيمة المقابلة لتاريخ بداية الإيداع ويمكن توضيح ذلك من خلال المثال التالي :

مثال1:

أحسب عدد أيام توظيف مبلغ ما من تاريخ 25 فيفري حتى 20 أوت من نفس السنة بإستخدام الجدول الخاص بالمدة .

الحل:

من الجدول نلاحظ أن تاريخ 20أوت يقابل القيمة 232 ، وتاريخ 25 فيفري يقابل القيمة 56

إذن تحسب عدد أيام التوظيف بالفرق بين القيمتين بمعنى $J = 232-56= 176$

مثال 2:

أحسب عدد أيام مبلغ ما وظف من 15 نوفمبر إلى16 ماي من السنة الموالية بإستخدام الجدول الخاص بالمدة .

الحل :

نلاحظ من الجدول أن تاريخ 15 نوفمبر يقابل 319 و تاريخ 16 ماي يقابل القيمة 136

إذن مدة التوظيف هي :

$$J = 136+\mathbf{365}-319=182$$

يعبر العدد 365عن عدد أيام سنة عادية كاملة وإن كانت كبيسة تكون **366 يوم**

2-3-العلاقة بين طبيعة المدة والمعدل في قانون الفائدة البسيطة :

حتى نتمكن من الإستخدام الصحيح لقانون الفائدة البسيطة سواء القانون العام أو صيغه الجزئية، لابد من معرفة نوع أو طبيعة كل المدة والمعدل ويشترط أن يكونا من **نفس الطبيعة** ، بمعنى إذا كان **المعدل سنوي** لابد أن يقابله **مقام المدة سنوي** ، وإن كان **نصف سنوي** لابد أن يقابله **مقام المدة 6 أشهر** وهكذا .

مثال1:

وظف شخص مبلغ 150دج لمدة 6أشهر بمعدل سنوي 10%، أوجد فائدة المبلغ الموظف؟

$$I=c.t.\frac{.m}{12} = 150.\frac{\mathbf{10}}{100}.\frac{6}{\mathbf{12}}= 7{,}5DA$$

نفس الطبيعة لهي سنة

مثال 2 :

وظف شخص مبلغ 150دج لمدة 6أشهر بمعدل نصف سنوي 5%، أوجد فائدة المبلغ الموظف ؟

$$I= I=c.t.\frac{.m}{12}=150.\frac{\mathbf{5}}{100}.\frac{6}{\mathbf{6}}=7{,}5da$$

نلاحظ أن بسط المعدل ومقام المدة من نفس الطبيعة لهي نصف سنة وتمت من خلال تحويل مقام المدة من نفس طبيعة المعدل ،كما يمكن إعتماد طريقة آخرى لهي تحويل المعدل من نفس طبيعة المدة وتكون كالتالي :

كأول مرحلة يتم تحويل المعدل إلى سنوي بإستخدام القاعدة الثلاثية كما يلي :

6أشهر ⟵ %5

12شهر ⟵ X

$$X=12.5/6=10\%$$

$$I= I=c.t.\frac{m}{12}=150.\frac{\mathbf{10}}{1000}.\frac{6}{\mathbf{12}}=7,5 \text{ da}$$

3- أنواع الفائدة البسيطة :

يحدد نوع الفائدة البسيطة بالنظر إلى طريقة حساب المدة ويمكن أن نميز نوعين أساسيين[1] :

1-3- الفائدة الحقيقية (الصحيحة) :

تعرف هذه الطريقة بالطريقة الإنجليزية لحساب الفائدة ويتم فيها أخذ أيام السنة الحقيقية، ففي حالة السنة العادية نستعمل في مقام المدة 365 يوم، أما في حالة السنة الكبيسة نستعمل366 يوم ، وهذه الطريقة تكون لصالح المقترض.

يرمز لها بالرمزIr (Intérêt réelle)

<u>مثال 1:</u>

وظف شخص مبلغ 1000دج لمدة 50 يوم خلال سنة 2009 بمعدل فائدة 8%، أوجد الفائدة الصحيحة الناتجة عن التوظيف ؟

<u>الحل:</u>

سنة 2009عادية وعليه يكون عدد أيامها هو 365 يوم .

إذن تحسب الفائدة الصحيحة من القانون التالي :

$$Ir=c.t\frac{j}{\mathbf{365}}=1000.\frac{8}{100}.\frac{50}{\mathbf{365}}=10.958 \text{ DA}$$

<u>مثال2 :</u>

إقترض شخص من البنك الوطني الجزائري مبلغ 2000دج، لمدة 120يوم خلال سنة 2004 بمعدل فائدة 9%سنويا ، أوجد الفائدة التي دفعها هذا الشخص ؟

الحل

2004 سنة كبيسة يكون فيها عدد الأيام 366 يوم

وعليه تحسب الفائدة الصحيحة كما يلي :

$$I=c.t.\frac{j}{\mathbf{366}}=2000.\frac{9}{100}.\frac{120}{\mathbf{366}}=59.016\text{DA}$$

[1]-بعلوج بولعيد، مدخل إلى الرياضيات المالية ، ديوان المطبوعات الجامعية، قسنطينة، سنة 2002، ص8

ملاحظة :

إذا كانت المدة هجينة بمعنى جزء يكون ضمن سنة عادية وجزء آخر يكون ضمن سنة كبيسة، الفائدة هنا تكون مجموع الفائدة الخاصة بمدة السنة العادية و الفائدة الخاصة بمدة السنة الكبيسة .

3-2-الفائدة التجارية :

تعرف بالطريقة الفرنسية لحساب الفائدة وفيها يتم إعتبار أن مجموع أيام السنة يقدر ب 360 يوم على إعتبار أن كل أيام الأشهر متساوية وتقدر ب30يوم ، تكون لصالح المودع والمؤسسة المقرضة .

يرمز لها بالرمز Ic(Intérêt commercial)

مثال:

اشتثمر شخص لمدة 450يوم مبلغ 4000دج بمعدل فائدة 10%، أوجد الفائدة الناتجة عن عملية التوظيف؟

الحل :

$$Ic=c.t.\frac{j}{360}=4000.\frac{10}{100}.\frac{450}{360}=500DA$$

ملاحظة : إن لم يحدد طبيعة الفائدة نعتمد الفائدة التجارية ، ولا تحسب الفائدة الصحيحة إلا إذا طلب منا ذلك صراحة .

3-3- العلاقة بين الفائدة الصحيحة والتجارية:

يمكن دراسة العلاقة من خلال النسبة بين النوعين ويمكن توضيح ذلك من خلال ما يلي :

$$\frac{Ic}{Ir}=\frac{c.t.j/360}{c.t.j/365}$$

بإختصار العلاقة نحصل على ما يلي :

$$\frac{IC}{Ir}=\frac{365}{360}=\frac{73}{72}$$

أما الفرق بين الفائدتين فيمكن توضيحه من خلال الصيغة التالية :

IC-Ir= c.t.j/360-c.t.j/365 = 1/72 Ic

إذن :

IC-Ir= 1/72 Ir

و

IC-Ir=1/73 IC

تستخدم العلاقة بين الفائدتين لإيجاد إحدى الفائدتين في غياب النوع الآخر

4- طريقة القاسم والنمر لحساب الفائدة البسيطة :

تعتبر طريقة من الطرق السهلة لحساب فائدة مبلغ او عدة مبالغ وتطبيق هذه **الطريقة فقط على الفائدة التجارية**، يمكن الحصول على الصيغة العامة لهذه الطريقة من خلال مايلي :

I=C.t.n=C.t/100.n/1=C.t.n/100

نحصل على ما يلي:$\frac{1}{t}$بضرب البسط والمقام في العدد

$$I=\frac{c.t.n.1/t}{100/t}$$

بعد الإختزال تصبح العلاقة الرياضية السابقة كما يلي :

$$\mathbf{I}=\frac{c.n}{100/t}=\frac{\text{النمر}}{\text{القاسم}} \qquad \text{......................(1)}$$

يمكن أن نشتق من الصيغة العامة رقم (1) صيغ جزئية ترجع لطبيعة المدة وهي على التوالي :

-المدة بالأشهر تكتب الصيغة كما يلي:

$$I=\frac{c.m}{1200/t} \text{......................}\mathbf{(2)}$$

-المدة بالأيام تكتب الصيغة كما يلي :

$$I=\frac{c.j}{\frac{36000}{t}} \text{..............................} \qquad \mathbf{(3)}$$

<u>تنبيه :</u> يتم تعويض قيمة معدل الفائدة في العلاقة (1)،(2) و(3) بدون نسبة مئوية لأن النسبة تم أخذها بعين الإعتبار في مقام العلاقات .

مثال1:

قرأ أحد المتعاملين في الموقع الخاص بالبنك الخارجي الجزائري إعلان مفاده " من يوظف مبلغ 250000دج في تاريخ 10 مارس 2014 ولن يسحبه حتى تاريخ 15 ديسمبر من نفس السنة سيمنحه البنك معدل فائدة 8%

-أوجد الفائدة الممنوحة من طرف البنك بطريقة القاسم والنمر ؟

الحل :

مدة التوظيف هي : 280 يوم

$$I = \frac{250000.280}{36000/8} = \frac{c.j}{36000/t} = 15555.55 \text{ DA}$$

مثال2:

يوظف شخص مبلغ 45000دج لمدة 15 شهر بمعدل فائدة 9% ، أوجد ما حققه المستثمر بإستخدام طريقة القاسم والنمر ؟

الحل:

$$I = \frac{45000.15}{1200/9} \quad \frac{c.m}{1200/t} = 5062.51 \text{ da}$$

5- الجملة (القيمة المكتسبة):

إذا كان المبلغ المستثمر C بمعدل سنوي T لمدة N فإن المبلغ الناتج عن التوظيف، يعرف بالجملة وهي المبلغ المستثمر مضاف إليه فوائد الإستثمار خلال فترة التوظيف، كما نجد هناك من يطلق عليه بالرصيد ويرمز لها بالرمز V.

V= الفائدة+ الأصل= C+C.t.n = c(1+n.t)

قد يودع أو يسدد شخص عدة مبالغ بطريقة منتظمة أو غير منتظمة في المصرف ، لذلك فالرصيد في هذه الحالة يكون مرتبط بعدة حالات يمكن التعرف عليها من خلال العنصر الموالي .

ثانيا : الدفعات المالية في الفائدة البسيطة

الدفعات المالية عبارة عن مبالغ تدفع أو تسدد في بداية أو نهاية فترة زمنية معينة قد تكون شهر ، شهرين ....إلخ ويمكن أن نميز بين حالتين أساسيتين لحساب جملة الدفعات وهذا حسب طبيعة المبالغ وفترات دفعها أو تسديدها كما يلي :

1- جملة مبالغ غير متساوية وعلى فترات غير منتظمة :

ليكن لدينا $C_1, C_2, C_3, \ldots\ldots C_i$، مبالغ غير متساوية موظفة بمعدل t، خلال الفترات غير المنتظمة التالية : $n_1, n_2, n_3, \ldots\ldots\ldots\ldots n_i$

لحساب جملة هذه المبالغ غير متساوية **نجمع جملة المبالغ الواحد تلوى الآخرى** بمعنى :

$$V=V_1+V_2+V_3+V_4+\ldots\ldots\ldots\ldots\ldots\ldots+V_i$$

$$V=C_1(1+n_1.t)+C_2(1+n_2.t)+\ldots\ldots\ldots\ldots\ldots C_i(1+n_i.t)$$

ومنه :

$$V=\sum_{i=1}^{n} Ci\ (1+ni.t)$$

<u>مثال :</u>

يقوم شخص بتوظيف بمعدل 7 % مبلغ 100 دج كل لمدة 50 يوم و مبلغ 250 دج لمدة 4 أشهر ومبلغ 350دج لمدة سنة ونصف
أوجد الرصيد الكلي لهذا الشخص بعد إنتهاء مدة التوظيف ؟

<u>الحل :</u>
بما أن المبالغ مختلفة نطبق القانون التالي :

$$V= V_1+V_2+V_3=V=\sum_{i=1}^{3} ci\ (1+ni.t)$$

$$V=C_1(1+n_1.t)+C_2(1+n_2.t)+ C_3(1+n_2.t)$$

$$V=100(1+\frac{50}{360}.7\%)+250(1+\frac{4}{12}.7\%)+ 350(1+1,5.7\%)$$

$$=100.97+255.82++386.75=743.54da$$

2- جملة مبالغ متساوية على فترات منتظمة :

يشترط في هذه الحالة توفر شرطين أساسيين هما تساوي قيمة الدفعات والفترة مابين دفعة وأخرى متساوية .

قبل توضيح طريقة حساب الرصيد الكلي الناتج لابد من التمييز بين أنواع الدفعات وما لذلك من أهمية في حساب المدة .

2-1- جملة دفعات التوظيف :

تعرف كذلك بدفعات الإستثمار وتكون دائما في أول المدة بمعنى بداية الفترة ،ولإيجاد القانون العام لحساب الجملة هذه الحالة نتبع الخطوات التالية :

ليكن لدينا دفعاتـ متساوية، $A_1 ,A_2 ,A_3 \ldots\ldots A_I$ موظفة على فترات منتظمة $n_1,n_2,n_3,\ldots\ldots n_i$

تم توظيفها بمعدل t فيكون لدينا ما يلي :

$$V=V_1+V_2+V_3+\ldots\ldots\ldots\ldots V_I$$

$$V=A_1(1+n_1.t)+A_2(1+n_2.t)+\ldots\ldots\ldots\ldots A_i(1+n_i.t)$$

بما أن $A_1=A_2=A_3=\ldots\ldots\ldots A_i =A$ يصبح لدينا :

$$V=A\ (1+n_1.t)+A\ (1+n_2.t)+\ldots\ldots\ldots\ldots A\ (1+n_i.t)$$

$$=A+ A\ n_1.t+A +An_2.t+\ldots\ldots\ldots\ldots A+An_i.t$$

$$=A.i+A.t.(n_1+n_2+n_3+\ldots\ldots+ n_i)$$

يمثل المجموع $n_1+n_2+n_3+\ldots\ldots+ n_i$ ، مجموع متتالية حسابية حدها الأول n_1 وعدد حدودها i، وبالتالي يمكن صياغة القانون السابق بالصيغة التالية :

$$V=A.i +A.t\ .\ \frac{i}{2}\ (n_1+ n_i)$$

A: قيمة الدفعة

i: عدد الدفعات

n_1 : مدة الدفعة الأولى (تحسب من تاريخ الإيداع أو التسديد إلى تاريخ تقييم الرصيد)

n_i :مدة الدفعة الأخيرة (تحسب من تاريخ الإيداع أو التسديد إلى تاريخ تقييم الرصيد)

<u>مثال1 :</u>

بإفتراض 6 دفعات توظيف شهرية وأردنا تقييم الرصيد في نهاية الشهر السادس فيكون لدينا الشكل التالي

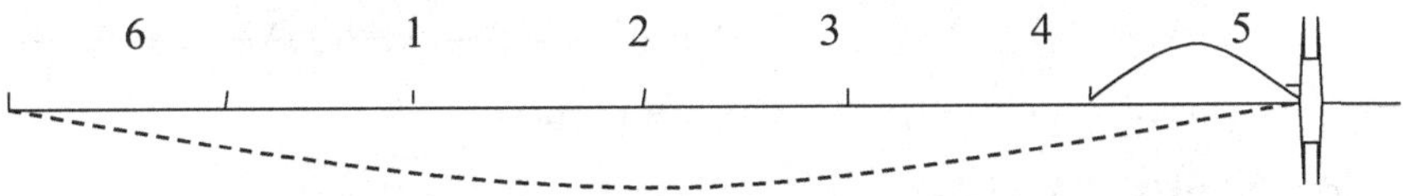

تاريخ تقييم الرصيد

نلاحظ من الشكل أن مدة الدفعة الأولى ممثلة بالقوس المتقطع وهي من بداية الشهر الأول حتى نهاية السادس الذي يمثل تاريخ تقييم الرصيد وتقدر ب6 أشهر

أما مدة الدفعة الأخيرة ممثلة بالقوس المستمر لهي بداية السادس إلى نهايته وتقدر بشهر واحد .

مثال2 :

إعتاد أحد الأشخاص على إيداع 100دج شهريا لمدة سنة ونصف بمعدل 10%سنويا

أوجد رصيد الشخص في نهاية مدة التوظيف ؟

الحل :

من نص التمرين نستنتج أن نوع الدفعة هي دفعة توظيف منتظمة على فترات متساوية وبالتالي نعتمد الصيغة التجمعية التالية:

$$V=A.i+A.t.\frac{i}{2}(n_1+n_i)$$

$$V=100.18+100.10\%\ \frac{18}{2}\left(\frac{18+1}{12}\right)$$

$$V=1942.5\ DA$$

2-2- جملة دفعات التسديد:

تعرف كذلك بدفعات آخر المدة، أي تكون دائما في آخر المدة وتضم دفعات تسديد القروض، أقساط التأمين، أقساط الإيجار ....إلخ .

ولإيجاد القانون العام لحساب جملة دفعات التسديد نتبع الخطوات التالية :

ليكن $A_1, A_2, A_3 .....A_I$ دفعات متساوية، تسدد على فترات منتظمة على التوالي $n_1,n_2,n_3,......n_i$ موظفة بمعدل t ، يصبح لدينا جملة هذه الدفعات تكون كمايلي :

$$V=V_1+V_2+V_3+............V_I$$

$$V=A_1(1+n_1.t)+A_2(1+n_2.t)+.............A_i(1+n_i.t)$$

بما أن $A_1=A_2=A_3=.......A_i=A$: يمكن كتابة العبارة كمايلي :

$$V=A(1+n_1.t)+A(1+n_2.t)+.............A(1+n_i.t)$$

$$A+A\,n_1.t+A+An_2.t)+.............A+An_i.t=$$

$$=A.i+A.t.(n_1+n_2+n_3+......+n_i)$$

يمثل المجموع $n_1+n_2+n_3+......+n_i$ ، مجموع متتالية حسابية حدها الأول n_1، وعدد حدودها i

وبالتالي يصبح القانون كما يلي :

$$V=A.i+A.t.\frac{i}{2}\ (n_1+n_i)$$

يمكن إشتقاق صيغ جزئية حسب طبيعة المدة لجملة دفعات التوظيف أو التسديد، كما يلي :

المدة بالأشهر تكون الصيغة كمايلي : $V=A.i+A.t.\frac{i}{2}\ (\frac{m1+mi}{12})$

المدة بالأيام تكون الصيغة كمايلي :

$$V=A.i+A.t.\frac{i}{2}(\frac{j1+ji}{12}).$$

تحسب n_1 وn_i من تاريخ التسديد إلى تاريخ تقييم الرصيد ويمكن توضيح ذلك من خلال المثال التالي:

بإفتراض 6 دفعات تسديد شهرية وأردنا تقييم الرصيد في نهاية الشهر السادس فيكون لدينا الشكل التالي :

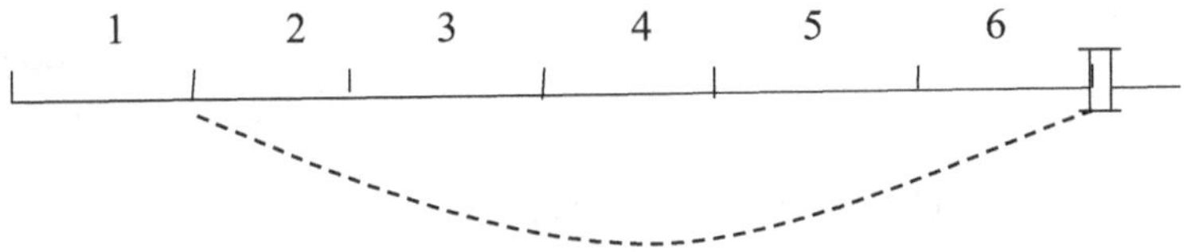

نلاحظ من الشكل أن مدة الدفعة الأولى ممثلة بالخط المتقطع وهي من نهاية الشهر الأول لهي بداية الثاني حتى نهاية السادس وتقدر ب5 أشهر

أما مدة الدفعة الأخيرة هي نفسها تاريخ تقييم الرصيد ممثلة بمستطيل ، معناه نهاية الشهر السادس وبما أن تاريخ تسديدها هو نفسه تاريخ تقييم الرصيد إذن قيمتها تساوي صفر .

مثال2:

إقترض شخص مبلغ من البنك الوطني الجزائري ونص عقد القرض على تسديد الدين بدفع مبلغ 100دج شهريا لمدة سنة ونصف بمعدل فائدة 10%،

*أوجد المبلغ الكلي المدفوع من طرف هذا الشخص ؟

الحل :

حسب نص التمرين نوع الدفعة هي دفعات آخر المدة ومنه يكون الرصيد كالتالي :

$$V=A.n+A.t\frac{n}{2}(\frac{m1+mi}{12}) = 100.18+100.10\%.\frac{18}{2}(\frac{17+0}{12}) =$$

V=1800+91.58=1891

3- طرق إيجاد رصيد الشخص في حالة وجود النوعين معا :

كثير من الحالات التي يتعامل فيها العميل مع البنك كطرف دائن ومدين بمعنى يقوم بسحب وإيداع في نفس الوقت ولإيجاد رصيد الشخص في هذه الحالة هناك العديد من الطرق سنتطرق لأهمها مع إعطال مثال توضحي عن كل حالة :

3-1-طريقة الإيداعات والمسحوبات :

تتلخص هذه الطريقة في جمع كل الدفعات ذات نفس الطبيعة بمعنى الدفعات المسحوبة مع بعض و نرمز لها بالرمز Vr و دفعات الإيداع ونرمز لها ب Vp

بمعنى إيجاد جملة كل واحدة على حدى ثم نحسب الفرق بينهما ، ويمكن إدراج هذه الطريقة من خلال القانون التالي:

جملة =الإيداعات – جملة المسحوبات

$$V=(V_{p1} +V_{p2}....V_{pn}) -(V_{r1}+V_{r2}+.......+V_{rn}).......(1)$$

الصيغة رقم (1) تعتمد في كل الحالات إلا أنه يمكن إستنتاج صيغة خاصة مرتبطة بنوع الدفعة ، فإذا كانت لدينا دفعات متساوية على فترات منتظمة فنعتمد القانون العام التجمعي للدفعات المتساوية على فترات منتظمة في جانب الإيداعات و المسحوبات، وذلك كما يلي :

$$V=[A_P.i +A_p.t .\frac{i}{2}. (n_1+ n_i)]-[A_r.i +A_r.t\frac{i}{2} \frac{(n1+ ni)}{2}]$$

مثال1:

يودع شخص مبلغ 600دج لمدة سنة كاملة، و في الشهر السادس أضاف مبلغ 250دج، وفي الشهر 8 أودع مبلغ 700دج، كما قام بحسب مبلغ 100دج في الشهر الثالث و 200دج في الشهر التاسع.

* أوجد رصيد الشخص في نهاية السنة إذا علمت أن معدل الفائدة 10%؟

الحل :

بما أنه هناك إيداع وسحب نطبق طريقة الإيداعات والمسحوبات لتسهيل الحل

الرصيد الكلي = جملة الإيداعات – جملة المسحوبات

$$V=(V_{p1} +V_{p2}+ V_{p3})- (V_{r1}+V_{r2})$$

V_p=[(600(1+12/12.10%)+(250(1+6/12.10%)+(700(1+4/12.10%)]=1645.83 DA

V_r=100(1+9/12.10%)+200(1+3/12.10%)==312.5DA

V=1645.83-312.5=1333.33DA

<u>مثال2 :</u>

يستثمر شخص مبلغ 100دج شهريا، و400دج كل 3أشهر، كما يضيف في اليوم العشرين من كل شهر مبلغ 150 دج وهذا لمدة سنة كاملة ، كما أنه يسدد مبلغ 200دج في اليوم 25 من كل شهروهذا في 6 أشهر الأخيرة ، ويسحب 250دج كل شهر وهذا خلال 4أشهر الأولى فقط، إذا كان معدل الفائدة 2% لكل فصل ، أوجد رصيد الشخص بعد سنة كاملة من التوظيف والسحب ؟

<u>الحل</u>

نلاحظ أن المعدل فصلي وبالتالي لابد من تحويله إلى سنوي أو تحويل مقام المدة إلى فصل سنختار الحالة الأولى تحويل المعدل إلى سنوي كما يلي :

$t=2\%.\frac{12}{3}=$ %8سنويا

كون الدفعات متساوية وعلى فترات منتظمة نطبق القانون التجمعي العام التالي على كل نوع من الدفعات

$V=[A_P.i+A_p.t.\frac{i}{2}\ (n_1+n_i)]-[A_r.i+A_r.t.\frac{i}{2}\ (n_1+n_i)]$

حساب جملة دفعات التوظيف:

$V_p=V_{P1}+V_{P2}+V_{P3}$

$V_P=[A_1.i+A_1.t\frac{i}{2}.(\frac{m1+mi}{12})]+[A_2.i+A_2.t\frac{i}{2}.(\frac{m1+mi}{12})]+[A_3.i+A_3.t\frac{i}{2}.(\frac{m1+mi}{12}$

=

$V=[100.12+100.8\%\frac{12}{2}\ \frac{(12+1)}{12}]+[400.4+400.8\%.\frac{4}{2}\ \frac{(12+3)}{12}]+$

$[150.12+150.8\%\frac{12}{2}\ \frac{(340+10)}{360}]$

=1252+1620+1870=4742DA

حساب جملة دفعات التسديد :

$$Vr=(V_{r1}+V_{r2})= [A_1.i +A_1 .t\frac{i}{2} . (\frac{m1+mi}{12})]+[A_2.i +A_2 .t\frac{i}{2} . (\frac{m1+mi}{12})]$$

$$=[200.6 +200.8\,\%. \frac{4}{2}\ \frac{(11+8)}{12}\,] + [\ 250.4 +250\,.8\% +. \frac{6}{2}\ \frac{(160+10)}{360}\ \ ]$$

$$=1221.33+1026.67=2248\ DA$$

.

ومنه الرصيد الكلي للشخص هو :

$$V=4742-2248= 2494\ DA$$

2-3 – طريقة التمييز بين الجمل :

نميز في هذه الطريقة حالتين أساسيتين هما :

3-2-1-التمييز بين الجمل من وجهة نظر البنك:

نحن نعلم أن البنك في أغلب الأحيان لا يعلم التاريخ الذي سيسحب فيه العميل ماتم إيداعه، وبالتالي فالإنطلاقة تكون بحساب ما هو موجود دون أخد بعين الإعتبار ما سيتم مستقبلا ،ويحسب كل تغيير في الوديعة في تاريخ حدوثه ،حيث تتم العملية بحساب فائدة المبلغ الكلي الموظف حتى تاريخ السحب، وجملة المبلغ المتبقى من تاريخ السحب حتى تقييم الرصيد ، بمعنى الفصل بين ما هو مسحوب وما هو متبقي يكون يوم السحب ولتوضيح ذلك نعرض المثال التالي :

مثال :

أراد أحد الأشخاص الحصول على مبلغ ص بهدف إستخدامه لشراء أسهم مؤسسة سيتم إصدارها بعد سنة ونصف من الآن ، لذلك قرر توظيف مبلغ 300دج كل 15 يوم لمدة سنة ونصف ، وكذا دعم هذا التوظيف بإيداع مبلغ 400دج كل 10 أيام وهذا في 7 أشهر الأخيرة ، ونتيجة لكون البنك يعتمد معدل 2% لكل فصل ، لاحظ العميل بأن الرصيد الناتج عن التوظيف يفوق إحتياجاته لذا قرر سحب مبلغ 200دج في 3 أشهر الأخيرة وهذا قبل نهاية كل شهر ب 4 أيام .

**أوجد المبلغ ص بإعتبار أن البنك يسحب 100دج من دفعة منتصف الشهر والباقي من دفعة 400 لليوم العشرين بإستخدام طريقة التمييز بين الجمل من وجهة نظر البنك؟

الحل :

تحويل المعدل إلى سنوي 2% لكل فصل = 8% سنويا .

نبدأ بتحليل السؤال :

الدفعات التي سيتم منها السحب هي 300 الثانية و 400 لليوم العشرين .

الجمل التي لم يمسها نص السؤال هي :دفعة 300 الأولى ، 400 الخاصة ببداية الشهر والخاصة باليوم العاشر ينقسم الحل في هذا الطريقة إلى ثلاث مراحل هي كما يلي :

المرحلة الأولى :

سنبدأ بحساب جملة الدفعات التي لم يمسها السحب ،وذلك كما يلي :

1-حساب جملة 300 المودعة في منتصف الشهر لمدة سنة ونصف .

$$V=[A_3.i+A_3.t\frac{i}{2}.(\frac{m1+mi}{12})]$$

$$V1=[300.18+300.8\%.\frac{18}{2}.(\frac{18+1}{12})]$$

$$=5742\ DA$$

2-حساب جملة 300 المودعة في منتصف الشهر لمدة 15 شهر الأولى :

$$V2=[300.15+300.8\%.\frac{15}{2}.(\frac{17.5+3.5}{12})]$$

$$=4815\ DA$$

3-حساب جملة 400دج المودعة في أول الشهر حتى نهاية مدة التوظيف

$$V3=400.7+400\ \%\ 8\frac{7}{2}.(\frac{7+1}{12})$$

$$=2874\ .66\ DA$$

4-حساب جملة 400دج المودعة في اليوم العشرين من كل شهر حتى نهاية مدة التوظيف

$$V4=[400.7+400.8\%\frac{7}{2}\quad(\frac{200+20}{360})]$$

$$=2868.44\ DA$$

5-حساب جملة 400دج المودعة في اليوم العشرين في الأربع أشهر الأولى فقط

$$V5=[400.4+400.\%\ 8\frac{4}{2}.(\frac{190+100}{360})]$$

$$V5=1651.55DA$$

المرحلة الثانية :

يتم فيها حساب فائدة المبالغ التي ستسحب قبل عملية السحب .

1-حساب فائدة 300دج الموظفة لمدة 11 يوم خلال 3 أشهر

$I_1=(A.t.\frac{n}{360})$. عدد مرات السحب $=(300.8\%.\frac{11}{360}).3=2.2$ DA.

2-حساب فائدة 400دج الموظفة لمدة 6 أيام في 3 أشهر الأخيرة

$I_2= (A.t.\frac{n}{360})$. عدد مرات السحب $=(400.8\%.\frac{6}{360})3==1.6$ DA.

**المرحلة الثالثة :

حساب جمل المبالغ المتبقية من الدفعات التي تم السحب منها

1-حساب جملة 100دج الموظفة ابتداء من اليوم 26 لشهر السادس عشر

$$V1=[100.3+100.8\%\frac{3}{2}.(\frac{64+4}{360})]$$

$= 302.26$ DA

2- حساب جملة 300دج إبتداء من اليوم 26 لشهر السادس عشر

$$V2=[300.3+300.8\%\frac{3}{2}.(\frac{64+4}{360})]$$

$=906.8$DA

الرصيد الكلي يساوي مجموع جمل وفوائد المراحل الثلاثة ومنه تكون النتيجة كما يلي :

$V=19164.51$ DA

3-2-2-التمييز بين الجمل من وجهة نظر العميل :

نحن نعلم أن العميل في أغلب الاحيان إن كانت المدة قصيرة للسحب يعلم ماسوف يسحبه لذى فإنه يوم الإيداع يفصل مابين المبلغ المسحوب والمبلغ المتبقي، فطريقة الفصل يتحقق من ورائها دفعتين الأولى من يوم الإيداع حتى السحب بمعنى يحصل على جملة المبلغ في نهاية الإيداع ، والثانية إيداع المبلغ الذي سيسحب والإستفادة من فوائده فقط من يوم الإيداع إلى يوم السحب ولتوضيح ذلك نأخذ المثال السابق . تختلف هذه الطريقة مع الطريقة السابقة إلا في المرحلة الثانية والثالثة ، فالأولى بمعنى الجمل التي لم يمسها السحب تبقى نفسها في الطريقتين .

المرحلة الثانية :

حساب فائدة المبالغ التي سيتم سحبها .

1-حساب فائدة 100دج قبل السحب و الموظفة لمدة 11 يوم خلال 3 أشهر الأخيرة.

. $I1=(A.t.\frac{n}{360})$عدد مرات السحب $=(100.8\%.\frac{11}{360}).3$

$= 0.73$ DA

2-حساب فائدة 100دج قبل السحب و الموظفة لمدة 6 أيام خلال 3 أشهر الأخيرة

$I2 =(100.8\%.\frac{6}{360}).3=0.4$ DA

**المرحلة الثالثة :

حساب جمل المبالغ المتبقية من الدفعات التي تم السحب منها

1-حساب جملة100دج الموظفة ابتداء من اليوم 15 لشهر السادس عشر

$$V1=100.3+100.8\%\ \frac{3}{2}.\ (\frac{75+15}{360})]=[$$

V1=306 DA

2- حساب جملة 300دج إبتداء من اليوم 20 لشهر السادس عشر

$$V2=[\ 300.3+300.\%\ 8\frac{3}{2}.\ (\frac{70+10}{360})]$$

=908 DA

الرصيد الكلي يساوي مجموع جمل وفوائد المراحل الثلاثة

V=19866.71 DA

تمارين الفصل الأول :

التمرين 1:

أودع شخص مبلغ 8000 دج في بنك القرض الشعبي الجزائري لمدة 16 شهر وبمعدل فائدة 7% سنويا ، أوجد الفوائد المستحقة فى نهاية مدة الإيداع ؟

التمرين 2:

أعلن بنك القرض الشعبي أن كل شخص يودع 8000 لمدة 14 أشهر يتحصل على فوائد قدرها 910دج ، فما هو المعدل السنوي الذي طبقه البنك على العميل ؟

التمرين 3:

أراد أحد الأشخاص الحصول على مبلغ 8500دج ، لذلك قرر توظيف مبلغ 7000دج في أحد البنوك التي تعتمد معدل فائدة سنوي 10%، أوجد مدة الإيداع لتحقيق هدف العميل ؟

التمرين 4:

إطلع أحد المتعاملين مع البنك على حسابه بعد مرور 18شهر ، فوجد أن حسابه زاد بمبلغ 120دج ، إذا علمت أن بنك العميل يعتمد معدل فائدة 12% سنويا ، أوجد المبلغ الذي أودعه العميل ؟

التمرين5:

أودع أحد المتعاملين في 10 جانفي 2010 مبلغ فوجده زاد بنسبة 30/1 في تاريخ 8 أوت من نفس السنة ماهو المعدل الذي طبقه البنك على العميل ؟

التمرين 6:

أعلنت أحد المصارف على أنه من يوظف مبلغ في الحساب الذي يعتمد معدل 4% سوف يحقق فائدة قدرها16دج ومن يوظف أمواله في حساب آخر يعتمد معدل فائدة 6% لفترة تقل عن سنة من الحساب الأول ، سوف يحقق فائدة قدرها 4.2 دج ، أوجد المبلغ الموظف ومدة التوظيف ؟

التمرين 7:

أراد أحد المتعاملين مع البنك الحصول على مبلغ 70000دج ، لذا قرر فتح 3 حسابات ، حيث تعطي المبالغ الثلاثة نفس الجملة في حالة أن المبلغ الأول يوظف لمدة 6 أشهر ، الثاني 12 شهر والثالث 18 شهر إذا علمت أن المعدل 6% لكل سداسي ، أوجد مساهمة كل حساب في المبلغ المراد الحصول عليه ؟

التمرين 8:

قرر مستثمر فصل إيداعاته لذلك إختار حسابين في البنك ما يميزهما أنهما يعتمدان نفس المعدل، حيث أودع في الحساب الأول مبلغ 2000دج بعد مرور سنة وجد مجموع الفوائد الناتجة عن الحسابين تقدر ب450دج ، وأن المبلغ الأول حقق نقصان في الفائدة قدرها 100دج

ما قيمة المبلغ المودع في الحساب الثاني؟ وما هومعدل الفائدة المطبق من طرف هذا البنك ؟

التمرين 9:

إذا علمت أن الفرق بين الفائدة التجارية والصحيحة لمبلغ 5600دج وظف في تاريخ 1 ديسمبر 2014 حتى 30 ماي 2015 هو 4دج ، أوجد المعدل الذي وظف به هذا المبلغ ؟

التمرين10

أكمل الجدول التالي :

الجملة	الأصل	الفائدة	مدة التوظيف	معدل الفائدة
............؟	9000دج	420دج	1جانفي إلى 10ماي 2012	...............؟
.............؟	.............؟	1280دج	15 شهر	2% لنصف السنة
25800دج	.........؟	.......؟	2.5شهر	6%سنويا

التمرين 11

إذا كان الفرق بين الفائدة التجارية والفائدة الصحيحة لمبلغ ما هو 10 دج ، أوجد قيمة الفائدتين والمبلغ المستثمر إذا علمت أن مدة التوظيف 140 يوما ومعدل الفائدة 8% سنويا ؟

التمرين 12:

قرر مستثمر إيداع مبلغ 300دج كل 10 أيام لمدة 6 أشهر ، ويضيف 200دج عن كل إيداع في 4 أشهر الأخيرة، كما أنه يحقق ربح شهري يقدر ب150دج وهذا لمدة 6 أشهر، بهدف تغطية مصروف البطاقة المقدرب 100دج في اليوم العشرين من كل شهر وهذا في الأربع أشهر الوسطى ، كما إعتاد على دفع مصروف بنكي خلال فترة الإيداع يقدر ب 50دج وهذا في اليوم 15 من كل شهر .

**أوجد رصيد الشخص في نهاية الإيداع إذا علمت أن 50 تسحب من التوظيف الأول(300) و 100دج تسحب من الأرباح ، وذلك من وجهة نظر البنك إذا علمت أن المعدل المعمول به 10%.

تمرين 13

توفر مؤسسة لبيع الألبسة شهريا مبلغ 400 دج ، وفي اليوم 20 من كل شهر 150 لمدة سنة ، حيث قررفي الشهر الخامس دفع مصاريف الكراء 200دج في اليوم 25 من كل شهر ، وبعد مضي 3 أشهر إرتفعت تكاليف الكراء لتصبح 300دج ويتم تسديدها في 27 من كل شهر وهذا لمدة 3 أشهر، إذا كان المعدل 3% لكل فصل،أوجد رصيد الشخص بإستخدام طريقة الفصل بين الجمل وكذا طريقة الإيداعات والمسحوبات ؟

تمرين 14

إعتاد أحد الأشخاص على توظيف مبلغ 300دج كل 10 أيام لمدة 8 أشهر ، ويضيف 200دج عن كل إيداع في 4 أشهر الأخيرة، كما أنه يحقق ربح من أسهمه كل شهر يقدر ب150دج وهذا لمدة سنة كاملة ، ويعمل على تسديد مصاريف البورصة المقدرة 50دج في اليوم العشريين من كل شهر لمدة 4 أشهر إبتداء من الشهر الرابع، ويسدد مصاريف البنك المختلفة 70دج في اليوم 15 من كل شهر إبتداء من الشهر الثامن لمدة 4 أشهر.

**أوجد رصيد الشخص إذا علمت أن 50 تسحب من التوظيف الأول و 70دج تسحب من أرباح الأسهم (من وجهة نظر البنك والعميل) المعدل المعمول به 10%

تمرين 15

-توفر مؤسسة تجارية لمدة سنة مبلغ 200 دج كل 15يوم ، وفي اليوم 20 من كل شهرمبلغ 400دج ، حيث قرر في الشهر الخامس دفع مصاريف الكراء 150دج في اليوم 25 من كل شهر ، وبعد مضي 3 أشهر إرتفعت تكاليف الكراء لتصبح 300دج ويتم تسديدها في 27 من كل شهر وهذا لمدة 3 أشهر، إذا كان المعدل 10% ،أوجد رصيد الشخص بإستخدام طريقة الفصل بين الجمل من وجهة نظر البنك ، وإذا علمت أن مصروف الكراء 150 مسحوبة من دفعت 200 الأولى ، ومصرف 300 تم سحبه من 400 المودعة في اليوم العشرين ؟

تمرين 16:

قرر أحد الأشخاص إيداع مبلغ 400 دج كل 10 يوم لمدة 8أشهر وكذا إيداع 300 شهريا لمدة 8 أشهر ، بهدف تغطية نفقاته المتمثلة في تسديد أقساط التأمين الشهرية المقدرة ب 500دج ويتم ذلك في اليوم 27 من كل شهر وهذا إبتداء من الشهر الثالث للإيداع

-إذا علمت أن معدل الفائدة 5% لنصف السنة ،

*أوجد رصيد الشخص في نهاية مدة التوظيف بإستخدام طريقة التمييز بين الجمل من وجهة نظر البنك والعميل إذاعلمت أن البنك يقتطع 250 من 400 المودعة في اليوم 10 و 250 تسحب من 300 المودعة كل شهر

الفصل الثاني : الخصم والتسويات المالية في الفائدة البسيطة

أولا: خصم الديون

ثانيا: التسويات المالية وإستبدال الأوراق التجارية

ثالثا :تمارين حول الفصل الثاني

تمهيد :

تقوم المعاملات المالية والتجارية على إستخدام عدد من الأساليب لدفع المدين ماعليه للدائن، كإستخدام وسائل الدفع الآجل المتمثلة في الأوراق التجارية سواء كانت كمبيالة أو سند لأمر ، فهذه الوسائل تنشأ ما يعرف بالدفع الآجل للمعاملات المالية ، فهي تساعد على إستمرار العمل التجاري بشكل عادي.

يمكن للمستفيد من الورقة التجارية إستخدامها على النحو التالي :

إنتظار تاريخ إستحقاقها وتحصيلها مباشر من المسحوب عليه أو عن طريق البنك .

أو عدم إنتظار تاريخ إستحقاقها خاصة عند الحاجة للسيولة، ويتم ذلك من خلال إرسالها للبنك بغرض الخصم وهنا يقتطع البنك من قيمة الورقة مبلغ نتيجة لتقديمه للخدمة يعرف بالأجيو الذي يتضمن الخصم التجاري ومجموعة آخرى من المصاريف نتعرف عليها لاحقا ، كما أنه يمكن للمسحوب عليه عند إقتراب آجال تسديد ديونه التفاوض مع الدائن على إستبدال أو تغيير الأوراق الموجودة بأوراق آخرى لها تواريخ تختلف عن الأولى ، كذلك في حالة قدرة المدين على دفع ما عليه للدائن يمكن تغيير الورقة بورقة تستحق قبل تاريخ إستحقاق الورقة الاولى .

بهدف التعرف على كل ذلك تم تقسيم هذا الفصل إلى إلى جزئين أولهما خصم الديون

أما في جزئه الثاني سنتعرف على **التسويات المالية في الفائدة البسيطة** من خلال تطرقنا لمفاهيم عامة حول التسويات المالية ،قواعد وأسس التكافؤ ، أنواع التكافؤ في الفائدة البسيطة

أولا :خصم الديون :

سنعرض من خلاله تعريف الخصم، أنواع الخصم والعلاقة بينهما، مصاريف الخصم وكشف الخصم

1-تعريف خصم الأوراق التجارية:

الخصم معناه القطع، و هو اتفاق يعجل به البنك الخاصم لطالب الخصم قيمة ورقة تجارية مخصوما منه مبلغ يتناسب مع المدة المتبقية تسمى القيمة الحالية للورقة التجارية، مقابل نقل طالب الخصم إلى البنك هذا الحق على سبيل التملك، وأن يضمن له الوفاء عند حلول أجله، فهذه العملية المصرفية يقوم بموجبها حامل الورقة بنقل ملكيتها إلى المصرف عن طريق التظهير قبل موعد الاستحقاق مقابل تعجيل المصرف قيمتها مخصوما منه مبلغ معين، ويرمز له بالرمز È

يرتبط الخصم بالأوراق التجارية التي تعتبر أحد أهم الوسائل المستخدمة في عملية الدفع الآجل ، ونظرا لأهميتها فهي تتميز بخصائص تضمن حق الطرفين من بينها مايلي :

-مدتها عادة لا تتجاوز ثلاثة أشهر

- مكتوب عليها قيمة الورقة التجارية وتسمى القيمة الإسمية ويرمز لها بالرمز Vn
- محدد فيها تاريخ الإستحقاق والإكتتاب
- معلومات عن الطرفين المتعاقدين مع وجود تأشيرة البنك الضامن لهذه الورقة التجارية .

2- الصيغة الرياضية للخصم :

تمكننا آلية الخصم من تحويل الأوراق التجارية إلى سيولة ، وتتم عملية المبادلة لدى البنوك التجارية ، حيث تعتبر بالنسبة للبنك كقرض عادي مدته هي مدة الخصم المحصورة بين تاريخ الخصم وتاريخ إستحقاق الورقة التجارية ومعدله هو معدل الخصم المعمول به من طرف البنك ، وبمطابقة ما قيل نتحصل على مايلي :

قيمة أو أصل القرض هي القيمة الحالية للورقة التجارية (القيمة الممنوح للعميل عند خصم الورقة التجارية) ويرمز لها بالرمزVC -

- جملة القرض هي القيمة اللإسمية للورقة التجارية بمعنى Vn
- قيمة الفائدة هي الخصم .

وعليه تحسب قيمة الخصم بنفس طريقة حساب الفائدة وتكون كما يلي :

بمطابقتها مع معطيات الورقة التجارية، يمكن إستنتاج قانون الخصم كما يلي :

قانون الفائدة هو$I=C.t.n$ وعليه تكون الصيغة الرياضية للخصم كمايلي :

$$E=Vn.t.n=Vn-Vc$$

ملاحظة :

للورقة التجارية قيمة إسمية واحدة وهي المكتوبة عليها ، ولنفس الورقة العديد من القيم الحالية تختلف بإختلاف تاريخ الخصم .

3- أنواع الخصم :

يمكن أن نميز بين نوعين أساسيين متعارف عليهما في خصم الأوراق التجارية هما :

3-1- الخصم الحقيقي :

يرمز لهذا النوع من الخصم بالرمز "ER "

يحسب هذا النوع على أساس القيمة الحالية بإعتبارها القيمة التي يمنحها البنك للمتعامل وبالتالي يكون لدينا

$$ER=vc.t.n$$

ويمكن إستنتاج من هذه العلاقة القيمة الإسمية والحالية كما يلي :

ER=Vn-Vc

Vn=Vc+ER =Vc+Vc.t.n =Vc(1+n.t)

القيمة الإسمية في حالة الخصم الحقيقي تحسب من العلاقة : Vn=Vc(1+n.t)

القيمة الحالية في حالة الخصم الحقيقي تحسب من العلاقة : $Vc=\frac{Vn}{(1+n.t)}$ وتعرف بإسم القيمة الحالية الحقيقية .

2-3-الخصم التجاري :

يعتمد هذا النوع من الخصم على القيمة الإسمية على إعتبار أن القيمة الإسمية والقيمة الحالية متقاربتين ويرمز له بالرمز EC ، وعليه تكون صيغته الرياضية كما يلي :

EC= Vn .t.n

تحسب القيمة الإسمية في حالة الخصم التجاري من العلاقة التالية :

EC= Vn-Vc

ومنه :

VC= Vn-EC= Vn-Vn Vn.t.n =Vn(1-n.t)

إذن : $Vn=\frac{vc}{(1-t.n)}$

4- طريقة القاسم والنمر في حساب الخصم التجاري :

تستخدم هذه الطريقة لإيجاد الخصم التجاري لعدد من الأوراق التجارية التي لها معدل خصم مشترك و يحسب الخصم التجاري بالعلاقة التالية :

$$\mathbf{EC}=\frac{\text{النمر}}{\text{القاسم}}=\frac{vn1.n1+vn2.n2+\cdots+.vni.ni}{1200/t}=\frac{vn1.n1+vn2.n2+\cdots+.vni.ni}{36000/t}$$

مثال :

ليكن لدينا ثلاثة أوراق تجارية خصائصها كمايلي :

الورقة الأولى قيمتها 1000دج وتستحق بعد 70يوم

-الورقة الثانية قيمتها 2000دج وتستحق بعد 80يوم

-الورقة الثالثة قيمتها 1500دج تستحق بعد شهر

* أوجد القيمة الحالية المتحصل عليها من خصم الأوراق إذا علمت أن معدل خصمها هو 10% ؟

الحل :

$VC=\sum Vn$ -EC

نحسب اولا الخصم التجاري من علاقة القاسم والنمر التالية :

$$EC = \frac{\text{النمر}}{\text{القاسم}} =$$

$$\frac{vn1.n1+vn2.n2+\cdots+.vni.ni}{36000/t} = \frac{1000.\frac{70}{360}+2000.\frac{80}{360}+1500.\frac{30}{360}}{36000/10} = \frac{194.44+444.44+125}{3600} = 0.212$$

Vn=1000+2000+1500=4500DA

VC=$\sum Vn$ –EC=4500-0.212=4499.78DA

ملاحظة :
يعتمد الخصم التجاري في كل الحالات ولا يتم إعتماد الخصم الحقيقي إلا إذا طلب منا ذلك صراحة.

5-المصاريف الفعلية لخصم الأوراق التجارية :

يقتطع البنك من القيمة الإسمية للورقة التجارية العديد من المصاريف بالإضافة إلى قيمة الخصم التجاري يطلق عليها مصطلح الأجيو ويرمز لها بالرمز"Ą"

5-1-تعريف الأجيو : هو مجموع المصارف التي يقتطعها البنك من القيمة الإسمية للورقة التجارية عند خصمها من طرف المستفيد فهو مصروف مقابل تقديم المصرف لخدمة الخصم .

5-2- عناصر الأجــيو :يشمل مجموعة من المصاريف هي كما يلي :

أ- **الخصم التجــاري** : يحسب بضرب القيمة الإسمية في معدل الخصم في مدة الخصم .

ب- **العمولات** :هي مبالغ مالية يقتطعها البنك من القيمة الإسمية للورقة التجارية المرسلة للخصم ، ويمكن أن نميز منها نوعين أساسيين :

-عمولات ثابتة : هي مبلغ ثابت بالنسبة للورقة مهما كان مبلغها .

-عمولات متغيرة : نسبة مئوية يتقضاه البنك مقابل الخدمة تختلف بإختلاف الورقة وتحسب مثل الخصم التجاري

ج- **مصاريف التحصيل** : هي مصروف يتقضاه البنك عن كل ورقة تجارية، ويحدد عادة البنك حد أدنى له فإن كان أدنى منه دفع العميل الحد الأدنى وإن كان أكبر منه تحمل العميل المصروف الناتج، ويحسب على أساس نسبة مئوية من القيمة الإسمية .

د-**الرسم على القيمة المضافة** : هو نسبة مئوية من مجموع الإقتطاعات السابقة .

الآجيو = الخصم التجاري+ العمولات+ مصاريف التحصيل + الرسم على القيمة المضافة .

6-طريقة إعداد كشف الخصم الخاص بالكمبيالات

لتوضيح طريقة إعداد الكشف نأخذ المثال التالي :

أرسل البنك الوطني الجزائري وكالة 110 كشف خصم رقم 122بتاريخ 2015/07/19 ، كمبيالة رقم 45 خاصة بمؤسسة الإسمنت قيمتها 270000 تستحق في 2015/10/20، تم خصمها بتاريخ 2015/07/15 بمعدل الخصم 8% عمولة ثابتة 100دج ، مصاريف التحصيل 15دج ، الرسم على القيمة المضافة يقدر ب17%

المطلوب : قم بإعداد كشف الخصم الخاص هذه الكمبيالة ؟

الحل :

<table dir="rtl">
<tr><td colspan="4">البنك الوطني الجزائري – وكالة رقم 110-
كشف الخصم رقم 122
تاريخ الخصم2015/07/19
مؤسسة الإسمنت</td><td colspan="3">معلومات عن العميل</td></tr>
<tr><td>رقم الكمبيالة</td><td>القيمة الإسمية</td><td>تاريخ الخصم</td><td>تاريخ الإستحقاق</td><td>عدد الأيام</td><td>معدل الخصم</td><td>معدل العمولة</td></tr>
<tr><td>45</td><td>45000</td><td>2015/07/15</td><td>2015/10/20</td><td>97</td><td>8%</td><td>2%</td></tr>
<tr><td colspan="7">الخصم التجاري =970دج</td></tr>
<tr><td colspan="7">العمولات (متغيرة +الثابتة) = $45000.\frac{2}{100}.\frac{97}{360}+100$= 242.5دج+100دج=342.5دج</td></tr>
<tr><td colspan="7">مصاريف التحصيل 15دج</td></tr>
<tr><td colspan="7">الرسم على القيمة المضافة 208.67دج</td></tr>
<tr><td colspan="7">الأجيو =1536.17دج</td></tr>
<tr><td colspan="2">القيمة الإسمية</td><td colspan="2">الأجيو</td><td colspan="3">القيمة الحالية</td></tr>
<tr><td colspan="2">45000دج</td><td colspan="2">1536.17</td><td colspan="3">43463.82دج</td></tr>
</table>

6-المعدل الحقيقي للخصم :

من خلال ما سبق نستنتج أن معدل الخصم الفعلي الذي يطبقه البنك على العميل يختلف عن المعدل المعطى والذي يعرف بالمعدل الإسمي ، وحتى نتعرف عن المعدل الحقيقي المطبق من طرف البنك في خصم الورقة التجارية نتبع أحد الطريقتين التاليتين :

6-1- المعدل الحقيقي من خلال معرفة قيمة الأجيو :

يرمز لهذا المعدل بالرمز TR ويحسب من العلاقة التالية :

$$TR = \frac{A}{vn.n} = \frac{A}{vn.m/12} = \frac{A}{vn.j/360}$$

حيث أن الأجيو هو مصروف الخصم التجاري + مصروف العمولات + مصروف مصاريف التحصيل + الرسم على القيمة المضافة ، أي هو

TR=EC+FC+FRA +IRJ

<u>مثال :</u>

أراد أحد التجار خصم ورقة تجارية في تاريخ 2015/04/01 مكتوب عليها مبلغ 4800دج تستحق الدفع في تاريخ 2015/06/30، وفق الشروط التالية :

معدل خصم 8%، عمولة ثابتة 100دج، عمولة متغيرة 0.5%، مصاريف التحصيل 3دج، الرسم على القيمة المضافة 17%

المطلوب : أوجد المعدل الحقيقي للخصم ؟

<u>الحل :</u>

$$TR = \frac{A}{vn.j/360}$$

نحسب أولا الأجيو = الخصم التجاري+ العمولات+ مصاريف التحصيل + الرسم على القيمة المضافة

EC=Vn.J/360.t= 4800.90.8/36000=96DA

FC=FC1+FC2= Vn.J/360.t +100= 4800.90.0.5/36000+100=106DA

IRJ=(96+106+3). 17%=34.85DA

ومنه الأجيو هو : A=96+106+3 +34.85=239.85DA

$$TR = \frac{A}{vn.\frac{j}{360}}$$

$$TR = \frac{239.85}{4800.90/360} = 19.98\%$$

6-2-المعدل الحقيقي من خلال معرفة مختلف المعدلات

يحسب المعدل الحقيقي من خلال جمع مختلف معدلات المصاريف وذلك كما يلي :

$$TR = Tfc + Tr + T + TIRJ$$

- Tfc : معدل مصاريف التحصيل
- Tr : معدل العمولة
- T : معدل الخصم
- $TIRJ$: معدل الرسم على القيمة المضافة

ثانيا : التسويات المالية في الفائدة البسيطة :

ترتبط هذه العملية بالأوراق التجارية وتعنى إستبدال الأوراق التجارية بأوراق آخرى جديدة تستحق في تواريخ مختلفة عن القديمة وقد تكون قبله أو بعده ، وفي كلتا الحالتين يكون للديون الأصلية أو القديمة قيمة تختلف عن قيمة الديون الجديدة ، ويعتمد هذا الإختلاف على الفترة الزمنية بمعنى على تاريخ إستحقاق الدين الجديد بعد تاريخ سداد الديون الأصلية أو قبلها[1].

-إذا أراد التاجر تغيير الدين القديم بدين جديد يستحق بعد تاريخ إستحقاق الدين الأصلي فإن قيمة الديون الجديدة

تضاف إليها فوائد التأخير بمعنى **يدفع التاجر جملة** مبالغ الديون القديمة في التاريخ الجديد الذي أختاره .

إما إذا قرر التاجر تسوية أو تبديل الديون الأصلية بدون جديدة قبل تاريخ إستحقاقها ، فهنا نخصم منه فوائد التقديم بمعنى **يدفع القيمة الحالية للديون** القديمة في تاريخ التبديل .

1- شرط التكافؤ أو التسويات المالية :

حتى يتمكن التاجر من عملية التبديل قبل أو بعد تاريخ الإستحقاق فإنه لابد أن تكون القيمة الحالية للديون الأصلية أو القديمة **تساوي** القيمة الحالية للديون الجديدة في تاريخ التبديل أو التسوية .

تنبيه:

يعرف تاريخ تبديل الديون القديمة بالجديدة بتاريخ التسوية أو التبديل أو التغيير أو الهيكلة

2-طرق التسويات المالية :

تتحدد طريقة التكافؤ بحسب نوع الخصم المستخدم ، ويمكن أن نميز حالتين أساسيتين :

[1]-غازي فلاح المومني،الرياضيات المالية المعاصرة، دار المناهج للنشر والتوزيع ، عمان، 2006ن ص 167

2-1-التكافؤ بالطريقة الصحيحة :

ليكن لدينا ورقتان تجاريتين قيمتهما على التوالي Vn1، Vn2 تستحقان بعد n1، n 2، وكان معدل الخصم للورقتين t، يكون لدينا في تاريخ التكافؤ ما يلي :

Vc1=vc2

بما أن نوع الخصم حقيقي يكون لدينا :

$$V_{C1}=V_{C2} \leftrightarrow \frac{vn1}{1+t.n1}=\frac{vn2}{1+t.n2} \leftrightarrow \frac{vn1}{vn2}=\frac{1+t.n1}{1+t.n2}$$

إذن حتى يتحقق التكافؤ بين الورقتين التجاريتين السابقتين لابد أن يتحقق الشرط التالي :

$$\frac{vn1}{vn2}=\frac{1+t.n1}{1+t.n2}$$

مثال :

أراد أحد التجار تبديل ورقة تجارية قيمتها الإسمية 6000دج تستحق بعد 2 شهر من الآن بورقة تجارية تستحق بعد 6 أشهر ولها قيمة إسمية تقدر ب6243.49دج

هل يمكن تبديل الورقة الأولى بالثانية إذا علمت أن طريقة الخصم المعتمدة هي الخصم الحقيقي ومعدل الخصم $t = 10\%$

الحل:

بما أن طريقة التكافؤ تعتمد على الخصم حقيقي ، وحتى يكون التكافؤ الصحيح محقق بين الورقتين لابد من تحقق الشرط التالي :

$$\frac{vn1}{vn2}=\frac{1+t.n1}{1+t.n2}$$

$$.\frac{vn1}{vn2}=\frac{6000}{6243.49}=0961 \ldots\ldots\ldots(1)$$

$$\frac{1+t.n1}{1+t.n2}=\frac{1+10\%.\frac{2}{12}}{1+10\%.\frac{6}{12}}=\frac{1.01}{1.05}=0.961 \ldots\ldots(2)$$

من خلال النتيجة (1)، (2) نستنتج أن الورقتين متكافئتين بالطريقة الصحيحة .

2-3-التكافؤ بالطريقة التجارية :

التكافؤ التجاري يستخدم فيه الخصم التجاري، و يعني تساوي قيمتهما الحالية بتاريخ محدد وبنفس معدل الخصم ولتعبير عن علاقة التكافؤ في هذه الحالة نعرض مايلي[1] :

[1]-ناصر دادي عدون، الرياضيات مالية، الجزء الأول دار المحدمدية الجزائر ، دون سنة، ص40

ليكن لدينا ورقتان تجاريتين قيمتهما على التوالي Vn_2 ، Vn_1 تستحقان بعد n_2، n_1، وكان معدل الخصم للورقتين t، يكون لدينا في تاريخ التكافؤ ما يلي :

$$Vc_1=vc_2$$

بما أن نوع الخصم تجاري يكون لدينا :

$$Vc_1=vc_2 \leftrightarrow Vn_1(1-n_1.t)=Vn_2(1-n_2.t)\leftrightarrow \frac{Vn1}{Vn2}=\frac{(1-n2.t)}{(1-n1.t)}$$

إذن حتى يكون التكافؤ صحيح بالطريقة التجارية بين الورقتين لابد من تحقق الشرط التالي :

$$\mathbf{Vn_1/Vn_2}=\frac{(1-n2.t)}{(1-n1.t)}$$

مثال :

مؤسسة مدينة لأحد الموردين بورقة تجارية قيمتها 2450دج ، تاريخ إستحقاقها يوم 21 /2016/09 ، طلب هذا المورد بتاريخ2016/05/18 تبديلها بورقة تستحق 2016/09/30 ، ما قيمة الورقة الجديدة إذا علمت أن معدل الخصم 10%

الحل:

حتى يتحقق التكافؤ أو التبديل لابد أن تكون القيمة الحالية للورقة القديمة = القيمة الحالية للورقة الجديدة في تاريخ 18/05/ 2016 ومنه يكون لدينا :

$$Vc_2=Vc_1$$

بالتعويض يصبح لدينا :

$$Vn2(1-n2.t)=Vn1(1-n1.t)$$

ومنه :

$$Vn2=\frac{Vn1(1-n1.t)}{(1-n2.t)}$$

$$=\frac{2450(1-\frac{126}{360}.10\%)}{(1-\frac{135}{360}.10\%)}=\frac{2364.25}{0.962}=2457.64 \text{ da}$$

4- أنواع للتسويات المالية :

يمكن أن نميز ثلاثة حالات أساسية للتسويات المالية هي كما يلي :

1-4-تبديل مجموعة من الديون بمجموعة أخرى :

إذا تم إستبدال مجموعة بمجموعة آخرى، عادة يعطى تاريخ تسوية أو تبديل الديون ولتحقق هذا الإستبدال لابد من تحقق الشرط الأساسي للتكافؤ، وهو أن تكون مجموع القيم الحالية للديون المجموعة القديمة أو الأصلية تساوي مجموع القيمة الحالية للديون الجديدة .

ملاحظة :

- حتى يتحقق التكافؤ بالطريقة التجارية أو الصحيحة لابد أن تكون القيمة الحالية للديون القديمة تساوي القيمة الحالية للديون الجديدة .
- تحسب المدة في التسويات المالية من تاريخ التكافؤ إلى تاريخ الإستحقاق .
- إذا كان تاريخ التكافؤ قبل تاريخ الإستحقاق تخصم الورقة التجارية بمعنى أن القيمة الحالية تصبح تساوي

$$VC = Vn\ (1-n1.t)$$

- - إذا كان تاريخ التكافؤ بعد تاريخ الإستحقاق توظف الورقة التجارية بمعنى أن القيمة الحالية تصبح تساوي

$$VC = Vn\ (1+n1.t)$$

التكافؤ يتحقق بين ورقتين تجارتين فينقطة واحدة فقط إلا في حالة القيمة الإسمية للدين الجديد تساوي القيمة الإسمية للدين القديم

مثال :

بسبب صعوبات مالية في التسديد إتفقت مؤسسة الرفاهية مع مؤسسة الأمل على تبديل ورقتين تجاريتين لهما نفس تاريخ الإكتتاب ومن خصائصهما ما يلي :

-الورقة الأولى قيمتها 6500دج تستحق بعد50 يوم

-الورقة الثانية قيمتها7500دج تستحق بعد 80 يوم

حيث سيتم التبديل بعد 20 يوم من الإكتتاب بورقتين الأولى ضعف الثانية تستحقان على التوالي 40يوم، 50 يوم

المطلوب

أوجد القيمة الإسمية للورقتين إذا علمت أن معدل الخصم 8% ؟

الحل :

في تاريخ التكافؤ لهو اليوم 20 بعد الإكتتاب يكون لدينا:

$$Vc_1^* + VC_2^* = Vc_2 + Vc_1$$

ومنه يصبح لدينا العلاقة التالية :

$$Vn_1^*(1-n_1^*.t)+ Vn_2^*(1-n_2^*.t)=Vn_1(1-n1.t)+Vn_2(1-n_2.t)$$

تصبح العلاقة كما يلي : $VC_2^*=2\ Vc_1^*$ بما أن

$$2Vn_2\ ^*(1-n_1^*.t)+ Vn_2^*(1-n_2^*.t) =Vn_1(1-n_1.t)+Vn_2(1-n_2.t)$$

$$2Vn_2^*(1-\frac{40}{360}.8\%)+ Vn_2^*(1-\frac{50}{360}.8\%) =7500(1-\frac{60}{360}.8\%)+6500(1-\frac{30}{360}.8\%)$$

بعد الحساب نحصل على النتيجة التالية :

$$Vn_2^* =4681.30DA\ ;\ Vn_1^*=9362.6\ DA$$

2-4- تبديل مجموعة من الديون بدين واحد فقط :

يعتبر هذا النوع حالة خاصة من الحالة السابقة ، وشرط تحققه هو معرفة تاريخ إستبدال الديون القديمة بالدين الجديد(ورقة أو مبلغ نقدي يدفع فورا)، ويكون في هذا التاريخ القيمة الحالية للديون القديمة تساوي القيمة الحالية لدين الجديد ، ولتوضيح ذلك نعرض المثال التالي :

<u>مثال :</u>

ورقة تجارية قيمتها الإسمية 5000دج في تاريخ إستحقاقها تم تبديلها بورقتين متساويتين و مجموعهما يساوي قيمة الورقة القديمة تستحق الأولى بعد شهرين من تاريخ التديل ، معدل الخصم 7%

أوجد تاريخ إستحقاق الورقة الثانية ؟

-في تاريخ إستحقاق الورقة الأولى أراد التجار تسوية ديونه بدفع مبلغ واحد فورا ، أوجد قيمة هذا المبلغ ؟

<u>الحل :</u>

****إيجاد تاريخ إستحقاق الورقة الثانية**

في تاريخ التكافؤ لهو تاريخ الخصم أو تاريخ إستحقاق الورقة القديمة يكون لدينا :

$$Vc_1^*+VC_2^*= Vc_1$$

ومنه يصبح لدينا العلاقة التالية :

$$Vn_1^*(1-n_1^*.t)+ Vn_2^*(1-n_2^*.t)= Vn_1(1-n_1.t)$$

$$Vn_1^*(1-n_1^*.t)+ Vn_2^*(1-n_2^*.t)= Vn_1(1-n_1.t)$$

بالتعويض نتحصل على ما يلي : $Vn_1^*=Vn_2^*$ ولدينا $Vn_2^*+ Vn_1^*= Vn_1$

$$2500(1-\frac{2}{12}.7\%)+2500(1-n2*.7\%)=5000$$

ومنه تاريخ إستحقاق الورقة الثانية هو $n_2^*=60$ Jours من تاريخ إستحقاق الورقة القديمة .

**** إيجاد قيمة المبلغ المدفوع فورا**

في تاريخ التكافؤ ألا وهو تاريخ إستحقاق الورقة الأولى يكون لدينا:

$$Vc_1^*+VC_2^*= Vc$$

بما أن المبلغ الجديد سيدفع فورا فإن قيمته الإسمية تساوي قيمته الحالية وبالتالي تصبح العلاقة

$$Vn= Vn_1^*(1-n_1^*.t)+ Vn_2^*(1-n_2^*.t)$$

$$Vn= Vn_1^*(1-0.t)+ Vn_2^*(1-0.t)$$

$$Vn= Vn_1+ Vn_2= 2500+2500=5000 \text{ da}$$

3-4-تاريخ الإستحقاق المتوسط :

نعني بهذه الحالة البحث عن تاريخ أو مدة متوسطة لعدد من الأوراق ، والشرط الأساسي لإيجاد هذا التاريخ هو أن تكون مجموع القيم الإسمية للديون القديمة تساوي القيمة الإسمية للدين الجديد ، وفي ظل تحقق هذا الشرط نصل إلى حرية إختيار تاريخ التكافؤ، بمعنى يتم إختيار تاريخ التكافؤ في أي نقطة يكون صحيح .

لإيجاد الصيغة الرياضية لهذا التاريخ نعرض مايلي :

لتكن لدينا الأوراق التجارية التالية :

$Vn_1,Vn_2,Vn_3……………………Vn_i$ قيم إسمية لأوراق تجارية تستحق على التوالي :

$n_1, n_2, n_3……………………n_i$، نريد إستبدالها بورقة قيمتها قيمتها الإسمية Vn^*، تستحق في n^*

بإعتبار أن تاريخ التكافؤ هو تاريخ تحرير الأوراق المستبدلة يكون لدينا:

$$Vc_1+Vc_2+Vc_3+………………………+Vc_n=Vc^*$$

بالتعويض يكون لدينا :

$$Vn_1(1-n_1.t)+Vn_2(1-n_2.t)+ Vn_3(1-n_3.t)+……..+ Vn_i(1-n_i.t)= Vn^*(1-n^*.t)$$

عند تبسيط ونشر العلاقة تصبح كما يلي :

$$Vn_1- Vn_1.n_1.t+ Vn_2- Vn_2.n_2.t+……….+ Vn_i- Vn_i.n_i.t= Vn^*- Vn^*.n^*.t$$

بعد تبسيط العلاقة نجد :

$$Vn_1 +Vn_2 +……..Vn_i - t(Vn_1.n_1.t+ Vn_2.n_2.t+……….+ Vni.ni.) = Vn^*- Vn^*.n^*.t$$

من المعطيات لدينا :

$$Vn^*=.Vn_1 +Vn_2 + Vn_3+……+Vn_i.$$

إذن تصبح العلاقة :

$$- t(Vn_1.n_1 + Vn_2.n_2. +……….+ Vn_i.n_i.) = - Vn^*.n^*.t$$

بضرب العلاقة في العدد (-1) و إختزال المعدل من الطرفين نجد :

$$n^* = \frac{Vn1.n1. + Vn2.n2. + \cdots\ldots\ldots + Vni.ni.}{Vn*}$$

حتى يكون الإستبدال ممكن بين الأوراق لابد أن يكون تاريخ إستحقاق الدين الجديد هو n*

ملاحظة:

عند تطبيق هذا القانون لابد من أخد بعين الإعتبار ثلاثة مفاهيم أساسية :

- أن تكون مجموع القيمة الإسمية للأوراق القديمة تساوي القيمة الإسمية للورقة الجديدة

-حرية إختيار تاريخ التكافؤ فهو صحيح في أي نقطة يتم إختيارها.

- تعكس القاعدة العامة للتوظيف والخصم، بمعنى الأوراق التي يكون تاريخ التكافؤ قبل الإستحقاق تخصم تصبح توظف والتي توظف بمعنى تاريخ التكافؤ بعد تاريخ إستحقاقها توظف يتم خصمها.

مثال :

قرر تاجر تبديل ثلاثة أوراق تجارية من محفظته بورقة واحدة قيمتها 12500دج ، أما الأوراق الثالثة خصائصها كما يلي :

-الورقة الأولى قيمتها الإسمية 2500دج تستحق بعد 50 يوم

-الورقة الثانية قيمتها الإسمية 3500دج تستحق بعد 90 يوم

-الورقة الثالثة قيمتها الإسمية 6500دج تستحق بعد 120 يوم

أوجد التاريخ الذي سيدفع فيه التاجر الورقة الجديدة إذا علمت أن معدل الخصم 10%

الحل :

نلاحظ من نص التمرين أن مجموع القيم الإسمية للأوراق تساوي القيمة الإسمية للورقة الجديدة ومنه يمكن إختيار تاريخ التكافؤ في أي نقطة .

***تاريخ التكافؤ هو تاريخ إستحقاق الورقة الأولى**

$$n^*=\frac{Vn1.n1+Vn2.n2+Vn3.n3}{Vn*}$$

$$n^*=\frac{Vn2.n2+Vn3.n3}{Vn*}$$

$$n^*/360=\frac{\frac{3500.40}{360}+\frac{6500.70}{360}}{12500}$$

n*= 47.59 يوم من تاريخ إستحقاق الورقة الثانية .

<u>في حالة تاريخ التكافؤ هو تاريخ إستحقاق الورقة الثانية :</u>

$$n^*=\frac{Vn1.n1+Vn2.n2+Vn3.n3}{Vn*}$$

$$n^*=\frac{-Vn1.n1+Vn3.n3}{Vn*}$$

$$n^*=\frac{-\frac{2500.40}{360}+\frac{6500.30}{360}}{12500}$$

7.59يوم=n* من تاريخ إستحقاق الورقة الثانية

<u>في حالة تاريخ التكافؤ هو تاريخ إستحقاق الورقة الثالثة:</u>

$$n^*=\frac{Vn1.n1+Vn2.n2+Vn3.n3}{Vn*}$$

$$n^*=\frac{-Vn1.n1-Vn2.n2}{Vn*}$$

$$n^*=\frac{-\frac{2500.70}{360}-\frac{3500.30}{360}}{12500}$$

n*=22.39 يوم من تاريخ إستحقاق الورقة الثالثة .

رغم إختلاف النتائج العددية إلا أنه عند تعيين تاريخ إستحقاق الورقة الجديدة نتحصل على نفس النقطة في كل الحالات .

ملاحظة:

تستخدم التسويات المالية بصورة واسعة في عمليات البيع بالتسقيط لما لها أهمية بالغة في هذا المجال وسنعرض مثال لتوضيح ذلك .

مثال :

إقترح متجر لبيع مجموعة من الأجهزة الإلكترونية بالتقسيط بدلين هما :

1- دفع فوري لمبلغ 19000دج

2- أو : دفع مبلغ 10000دج فورا والباقي على شكل 20 قسط شهريا متساوية الأول يبدأ بعد شهر من تاريخ شراء الأجهزة

أوجد قيمة القسط المدفوع شهريا إذا علمت لن معدل الخصم 8 %؟

الحل :

في تاريخ الشراء لهو النقطة صفر يكون لدينا

القيمة الحالية للبديل الأول = القيمة الحالية للبديل الثاني :

بمعنى $V_{C1}=V_{C2}$ أي 19000=10000+القيمة الحالية للأقساط

$$19000=10000+=[A.n-A.t\frac{n}{2}.\ (n1+ni)]$$

حيث n1و ni تمثل تواريخ دفع الدفع الأولى والأخيرة على الترتيب ، و تحسب من تاريخ الدفع إلى تاريخ التكافؤ بمعنى يتم خصمها

$$19000-10000=[A.20-A.8\%\frac{20}{2}.\ (\frac{1+20}{12})]$$

$$9000=\underline{\mathbf{A}}\ [.20-.8\%\frac{20}{2}.\ (\frac{1+20}{12})]$$

A=483.87**DA**

تمارين الفصل الثاني :

تمرين1

خصم تاجر كمبيالة لدى بنك الوطني الجزائري قيمتها الاسمية 1000 دج في 2015/10/10 تستحق في 2016/2/10

أوجد الخصم التجاري والحقيقي إذا علمت أن معدل الخصم 8%

تمرين 2:

قرر متجر لبيع قطع الغيار، إتباع الإستراتيجية التسويق التالية :** بيع فوري بمبلغ 8000 دج
أو ** دفع مبلغ آني 1800دج وتحرير39 ورقة تجارية شهرية متساوية، تستحق الأولى بعد 10 أشهر
- أوجد القيمة الإسمية للأوراق؟اذاعلمت أن المعدل المعمول به 8%.

2- حرر تاجر ورقة تجارية في 10 جانفي2015 مكتوب عليها 3000دج ، إذا علمت أن العميل أراد الحصول على قيمتها في 20 مارس2015، قيمة الخصم 20دج ، مصاريف التحصيل 1% وكحد أدنى 7دج ، عمولة 5دج

أوجد معدل الخصم الحقيقي بإستخدام طريقتين ؟

التمرين 3:

يريد أحد التجار الحصول على سيولة فقدم ورقة تجارية قبل تاريخ إستحقاقها ب 80 يوم مكتوب عليها مبلغ 90000دج حيث بلغ الخصم التجاري لها 25دج ، مصاريف تحصيل 2دج و كحد الأدنى 6دج ،عمولة 5دج. أوجد المعدل الحقيقي للخصم طريقتين ؟

2-شخص مدين ب15 ورقة تجارية متساوية تستحق السداد شهريا، قرر هذا التاجر في تاريخ إستحقاق الورقة 7 وبعد دفع 3 أوراق الأولى فقط تبديل ما تبقى بورقة واحدة تسدد بعد شهرين قيمتها 100دج و بدفع مبلغ نقدي واحد قيمته 1200دج .

أوجد قيمة الورقة التجارية ؟ معدل الخصم 8%

التمرين 4:

شخص مدين بالمبالغ التالية :

5000دج تستحق الدفع بعد 9 شهور

6000 دج تستحق الدفع بعد 4 شهور

7000دج تستحق الدفع بعد 3 شهور

تم الإتفاق مع الدائن على أن يدفع له نصف المستحق عليه فورا ، ويحرر بالباقى كمبيالة جديدة بعد 10 شهور ، والمطلوب إيجاد المبلغ الذى يدفعه المدين للدائن عند التسوية ، وما هى القيمة الاسمية للكمبيالة الجديدة ، إذا علمت أن معدل الخصم 8%

التمرين 5:

شخص مدين بالمبالغ التالية :-

3000دج تستحق الدفع بعد 3 شهور

5000 دج تستحق الدفع بعد 6 شهور

7000 دج تستحق الدفع بعد 9 شهور

إذا عمت أنه تم تسديد الدين الأول فى موعده ، وقد اتفق مع الدائن فى تاريخ استحقاق الدين الثانى على أن يحرر كمبيالتين جديدتين القيمة الاسمية لكل منهما 8000 دج تستحق الأولى بعد 8 شهور والثانية بعد 10 شهور ، وان يدفع للدائن باقى المستحق عليه نقدا ، احسب المبلغ الذى دفعه المدين نقدا ، إذا علمت أن معدل الخصم 9%

التمرين 6:

شخص مدين بالمبالغ الآتية :

5000 دج تستحق الدفع بعد 3 شهور

7000دج تستحق الدفع بعد 4 شهور

8000 دج تستحق الدفع بعد 8 شهور

وقد اتفق مع الدائن على ما يلى :-

1- أن يدفع فورا مبلغ 3000 دج

2- أن يظهر له كمبيالة قيمتها الاسمية 5000 دج تستحق الدفع بعد 6 شهور

3- أن يحرر بالباقى 3 كمبيالات جديدة القيمة الاسمية للكمبيالة الأولى نصف القيمة الاسمية للكمبيالة الثانية والقيمة الاسمية للكمبيالة الثالثة ضعف القيمة الاسمية للكمبيالة الثانية ، فإذا كانت الأولى تستحق الدفع بعد 8 شهور ، والثانية بعد 10 شهور ، والثالثة بعد 12 شهر

**حساب القيمة الاسمية لكل كمبيالة جديدة ، إذا علمت أن معدل الخصم 10%

تمرين 7 :

مؤسسة مدينة لأحد الموردين بورقة تجارية قيمتها 2450دج ، تاريخ إستحقاقها يوم 21 ديسمبر2016 ، طلب هذا المورد بتاريخى 11 مارس سنة 2016 تأخير تاريخ إستحقاق الورقة إلى 26 جوان ، إذا علمت أن معدل الخصم 10%، أوجد القيمة الإسمية للورقة الجديدة المكافئة لها ؟

تمرين 8:

أودع أحد المتعاملين في 1 جانفي 2015 مبلغ في أحد البنوك المتعامل معها فوجده في تاريخ 27 سبتمبر من نفس السنة زاد بنسبة ½ ماهو المعدل الذي طبقه البنك على العميل ؟

2-محل لبيع الأجهزة الإلكترونية يعتمد أسلوبين في البيع هما كمايلي :

**دفع مبلغ نقدي 1000دج وكذا ورقة تجارية قيمتها الحالية 1000دج

**دفع 400دج وتحرير 6 أوراق تجارية متساوية تستحق الأولى بعد شهرين من الآن إذا علمت أن المعدل1% لكل نصف سنة، أوجد بإستخدام طريقة القاسم والنمر القيمة الإسمية للأوراق؟

التمرين 9:

يعرض محل تجاري لبيع الهواتف النقالة بدلين :

1-دفع مبلغ 5000دج ودفع 6 دفعات سنوية متساوية قيمة الواحدة 100دج

2-دفع 10 دفعات متساوية بحيثالأولى بعد سنتين والثانية بعد 4 سنوات وبقي الدفعات تم تسديدها سنويا ، إذا علمت أن المعدل 10%، أوجد قيمة الدفعة في حالة التكافؤ في الصفر ، وفي حالة التكافؤ هو تاريخ تسديد الدفعة الثالثة ؟

التمرين 10 :

إقترض أحد الأشخاص من بنكه مبلغ ص وتم الإتفاق في عقد القرض على تسديده بدفع 6 دفعات شهريا قيمة الواحدة 2000دج، بحيث الأولى تستحق بعد ثلاثة أشهر من الآن، أما الباقي فتم الإتفاق كمايلي :

يدفع مبلغ 300دج فورا ويحرر ستد بحيث أنه لو خصم لأعطى قيمة 10000دج

يدفع المبلغ على 4 أقساط متساوية الفترة بين قسط و آخر تقدر بشهرين.

المطلوب :

- أوجد القيمة الإسمية للقسط المتساوي إذا كان هناك تكافؤ مابين البديلين بإستعمال طريقة القاسم والنمر .

- قرر الزبون إختيار البديل الثاني ، وفي تاريخ إستحقاق القسط الأول وبعد دفع قيمته وقيمة 6 دفعات الشهرية أن يسدد ما تبقى بدفع قسط واحد يستحق في تاريخ إستحقاق القس الثالث ، ما قيمة القسط الجديد ؟

الفصل الثالث : الحسابات الجارية للمعاملات المالية

اولا : مفاهيم عامة للحسابات الجارية

ثانيا : طرق إعداد الحسابات الجارية .

ثالثا : تمارين الفصل الثالث

تمهيد :

تتم الكثير من المعاملات المالية بين مختلف المؤسسات مع البنك أو بين البنك و الأفراد ، وتكون هذه العمليات مكررة ومستمرة ، ولتسهيل التعامل يتم تسجيلها في كشوف خاصة تظهر كل المعاملات مع مختلف العملاء بهدف إبراز ما للمؤسسة الإقتصادية أو المتعامل وما عليه، ويعرف كشف الحساب بأنه القائمة التي تقيَّد بها المعاملات المتبادلة بين العميل(فرد أو مؤسسة) والبنك [1]، يرصد هذا الحساب خلال كل فترة لمعرفة ما إذا كان مدين أو دائن بمعنى معرفة المركز المالي للعميل في تاريخ الإقفال .

أولا : إعداد كشوف حسابات العملاء

قبل التعرف على طريقة إعداد الكشف نعرض أولا معنى الحساب الجاري ، والتقسيمات المختلفة له .

1-تعريف الحسابات الجارية:

عرفت الحساب الجاري: بأنها "المبالغ التي يودعها أصحابها في البنوك بشرط أن يردها عليهم البنك كلما أرادوا"[2].

أو "هي النقود التي يعهد بها الأفراد أو الهيئات إلى البنك على أن يتعهد الأخير بردها أو برد مبلغ مساوٍ لها لدى الطلب أو بالشروط المتفق عليها"[3]

أو "هي المبالغ التي يودعها أصحابها في البنوك بقصد أن تكون حاضرة التداول، والسحب عليها لحظة الحاجة بحيث ترد بمجرد الطلب، ودون توقف على أي إخطار سابق من أي نوع".[4]

2-أنواع الحساب الجاري :

تقسم الحسابات الجارية إلى عدة أقسام وذلك حسب الزاوية التي يتم النظر إليها :

2-1- حسب طبيعة الحساب الجاري: ينقسم من هذه الزاوية إلى قسمين :

أ-حسابات جارية دائنة : ويمكن أن تكون بفائدة أو بدون فائدة .

ب-حسابات جارية مدينة : وتكون بفائدة

2-2- حسب أطراف الحساب : ينقسم إلى قسمين هما :

أ-حساب الأشخاص الطبيعة: وتكون الأفراد مع بعض وتكون بين الفرد والفرد أو التجار أو بين التجار .

ب-حساب الشخص المعنوي : حسابات بين البنوك والبنوك ، والأفراد والتجار

2-3- حسب العائد :تنفسم إلى قسمين :

أ- حساب جاري بفائدة وعادة تكون بين البنوك والأفراد أو التجار أو البنوك

---

1 حسين بن معلوي الشهراني، الحسابات الجارية حقيقتها – تكييفها،الموقع :http://www.saaid.net/fatwa/sahm/24.htm-

2-. محمد تقي العثماني ،أحكام الودائع المصرفية، مجلة المجمع 792/1/9.

3-غريب الجمال المصارف والأعمال المصرفية في الشريعة الإسلامية والقانون، ص36

4-. حسن عبد الله الأمين ،الودائع المصرفية النقدية، واستثمارها في الإسلام، ص209

ب- حسابات جارية بدون فوائد : وتكون بين الأفراد أو التجار

ثانيا : طرق إعداد كشف الحسابات الجارية

هناك طريقتين أساسيتين تعتمدان في إعداد كشف الحسابات هما : الطريقة المستقيمة أو المباشرة، والطريقة العملية أو الأرصدة أو الهمبورجية .

1- الطريقة المستقيمة :

يقسم هذا الحساب إلى عدة أقسام هي كما يلي :

-**تاريخ العملية** : هو التاريخ الذي يتم في عملية السحب أو الإيداع ،أو إعطاء الأمر بالقيام بعملية معينة ، وهو التاريخ الذي يقيد فيه البنك عمليات العميل .

-**البيان** : نعني به التعريف أو ذكر العملية التي تمت .

-**المبلغ** : تقسم هذه الخانة إلى قسمين أحدهما دائن والآخر مدين وكل عملية تسجل بحسب طبيعتها.

-**تاريخ الإستحقاق** : وهو التاريخ الذي يعني الدخول الفعلي والخروج الفعلي للأموال سواء كانت دائنة أو مدينة

- **الأيام** : تحسب عدد الأيام من تاريخ الإستحقاق حتى تاريخ الإقفال لهو التاريخ إعداد الكشف .

- **النمر** : وهي ناتج ضرب **عدد الأيام في المبلغ** وتسجل بحسب طبيعة المبلغ ،**فيما عدا** إذا كان تاريخ الإستحقاق **بعد الإقفال يعكس** القيد في النمر بمعنى الدائنة تصبح مدينة والمدينة تصبح دائنة .

- بعد تسجيل كل العمليات يرصد حساب النمر بحساب الفرق بين الجانب المدين والدائن ، حيث يوضع الفرق في الجانب الأصغر وينسب إلى الجانب الأكبر

-نحسب الفائدة على رصيد النمر وننسب إليه ويتم تسجيلها بطبيعتها في عمود المبالغ وتحسب من القانون التالي :

$$I=\frac{\text{رصيد النمر}}{36000/t}=\frac{\text{رصيد النمر}}{1200/t}$$

يرصد عمود المبالغ ويستخرج منه رصيد الشخص في تاريخ الإقفال .

مثال :

طلب التاجر محمد ذو رقم حساب 110 من البنك الوطني الجزائري وكالة 840 بقسنطينة إقفال حسابه الجاري في تاريخ 2015/12/31 بالطريقة المستقيمة ، إذا علمت أن معدل الخصم مشترك t=6%، وأن التاجر قام بالعمليات التالية :

*2015/11/1 رصيد قديم دائن قيمته 3000دج

*2015/11/25 سحب بشيك قيمة 4000دج

*2015/11/28 إيداع نقدي بقيمة 5000دج

*2015/11/30 تسديد قرض قيمته 5000دج

*2015/12/1 قبض كمبيالة قيمتها 3000دج تستحق في 2017/1/1.

*2015/12/14 دفع كمبالة قيمتها 2500دج تستحق في 2017/01/27

الحل :

معلومات عن البنك
البنك الوطني الجزائري
وكالة رقم 840

قسنطينة في 2015/12/31

معلومات عن العميل
التاجر محمد
حساب رقم 110

التاريخ	البيان	المبالغ		تاريخ الإستحقاق	الأيام	النمر	
		المدينة	الدائنة			المدينة	الدائنة
11/01	رصيد قديم دائن		3000	10/31	61		183000
11/25	سحب شيك	4000		11/25	36	144000	
11/28	إيداع نقدي		5000	11/28	33		165000
11/30	تسديد قرض	1000		11/30	31	31000	
12/1	قبض كمبيالة		**3000**	**2016/01/01**	**1**	**3000**	
12/14	دفع كمبيالة	**2500**		**2016/01/27**	**27**		**67500**
	رصيد النمر دائن					237500	
	مجموع النمر					415500	415500
	فوائد رصيد النمر دائنة		69.25				
	رصيد المبالغ لتعديل	3569.25					
	مجموع المبالغ	11069.25	11069.25				
	الرصيد المنقول		3569.25	2015/12/31			

2- طريقة الأرصدة :

تعرف بطريقة الأرصدة لأنه يتم من خلالها ترصيد الحساب بعد كل عملية تتم ، وسميت بالهمبورجية نسبة إلى مدينة هامبورغ الألمانية التي طبقت بها لأول مرة ويحتوي الحساب الجاري حسب هذه الطريقة على نفس الخانات السابقة فيما عدا أنه يضيف خانة الرصيد والتي تقسم إلى جانب المدين وجانب الدائن، يتم خلال هذه الطريقة إحترام عدة قوانيين هي:

-ترتيب تسجيل العمليات في الجساب مهم جدا ولابد من إحترامه ويتم على أساس تاريخ الإستحقاق وليس تاريخ العملية.

-الأيام : تحسب الأيام من تاريخ الإستحقاق إلى تاريخ إستحقاق العملية التي تأتي بعدها مباشرة، فيما عدا آخر عملية تاريخ إستحقاقها قبل الإقفال تحسب أيامها من تاريخ الإستحقاق إلى تاريخ الإقفال.

أما العمليات التي تاريخ إستحقاقها بعد الإقفال تحسب من تاريخ الإستحقاق إلى تاريخ الإقفال .

تحسب النمر بضرب الأيام في الرصيد فيما عدا العمليات التي تاريخ إستحقاقها بعد الإقفال تحسب بضرب الأيام في المبالغ .

لتوضيح أكثر نعرض المثال التالي :

طلبت مؤسسة الحديد والصلب بعنابة ذات رقم حساب 120 من البنك الخارجي الجزائري وكالة 340 إقفال حسابها الجاري في تاريخ 2014/12/31 بالطريقة الأرصدة، إذا علمت أن معدل الخصم مشترك $t=10\%$، وأن المؤسسة قام بالعمليات التالية :

*2014/07/31 رصيد منقول دائن قيمته 3000دج

*2014/08/22 تحصيل شيك قيمة 5000دج .

*أمر في 2014/09/22 بتسديد فواتير شهرية قيمتها 5000دج في اليوم 28 من كل شهر ، علما أن البنك يأخذ عمولة قدرا ¼ من قيمة كل فاتورة

* تسديد مشتريات العميل الشهرية المقدرة ب3000دج والتي تزيد بنسبة 50% شهريا ، وتاريخ الشراء يزيد ب3 أيام شهريا إبتداء من تاريخ 2014/09/05، علما أن البنك يقتطع المبلغ من حسابه في منتصف كل شهر ويمنح البنك فترة سماح 4 أيام ، أما إذا تجاوزت يأخذ فائدة قدرها 3/1 من قيمة المشتريات .

* مصاريف إعداد الكشف 60دج

*2014/12/26 قبض كمبيالة قيمتها 1000دج تستحق في 2015/02/12.

*2014/12/21 دفع كمبالة قيمتها 4000دج تستحق في 2015/01/24

معلومات عن البنك
البنك الخارجي الجزائري
وكالة رقم 340

عنابة في 2014/12/31

معلومات عن العميل
مؤسسة الحديد والصلب
حساب رقم 120

التاريخ	البيان	المبالغ		الأرصدة		تاريخ الإستحقاق	الأيام	النمر	
		المدينة	الدائنة	المدينة	الدائنة			المدينة	الدائنة
09/01	رصيد منقول دائن		3000		3000	07/31	22		66000
08/22	تحصيل شيك		5000		8000	08/22	24		192000
09/5	مشتريات	4000			4000	09/15	13		52000
09/22	فواتير	6250		2250		09/28	17	38250	
10/8	مشتريات	5500		7750		10/15	13	100750	
09/22	فواتير	6250		15500		10/28	18	279000	
11/11	مشتريات	4500		20000		11/15	13	260000	
09/22	فواتير	6250		26250		11/28	17	446250	
12/14	مشتريات	4500		30750		12/15	13	399750	
09/22	فواتير	6250		37000		12/28	03	111000	
12/31	مصاريف الكشف	60		37060		12/31	00	00	
12/21	**دفع كمبيالة**	**4000**				**2015/01/24**	**24**		**96000**
12/26	**قبض كمبيالة**		**1000**			**2015/02/12**	**43**	**43000**	
	رصيد النمر مدين								1229000
	مجموع النمر							1678000	1678000
	فوائد رصيد النمر مدينة	341.38							
	رصيد المبالغ لتعديل		38901.38						
	مجموع المبالغ	47901.38	47901.38						
	الرصيد المنقول	38901.38				2014/12/31			

3-حالات خاصة :

هناك العديد من الحالات الخاصة التي يتم إدراجها في الطريقتين منها مايلي :

1-3-حالة معدل الفائدة غير مشترك بين الجانب الدائن والجانب المدين :

نتبع نفس المراحل السابقة في الطريقتين فيما عدا حساب الفائدة يكون بالطريقة التالية :

نجمع المبالغ المدينة و نحسب الفائدة على الجانب المدين ، ثم نجمع المبالغ الدائنة نحسب الفائدة على الجانب الدائن ، بعدها نقوم بترصيد حساب الفائدة وننقله إلى عمود المبالغ بطبيعته.

أو نرصد الحساب ونحسب الفائدة بمعدل نمط الحساب بمعنى إذا كان الفرق مدين معناه نطبق معدل الفائدة المدين على الرصيد الناتج يعطي لنا الفائدة مدينة .

3-2- نوع الفائدة :

إذا تم إستخدام الفائدة الصحيحة في حساب الفوائد فإن عمود النمر في هذه الطريقة يحذف ، حيث سيتم حساب الفائدة على عمود المبالغ كل مبلغ على حدى في الطريقة المستقيمة وبعدها نجمع الفوائد الناتجة من نفس الطبيعة بمعنى المدينة مع المدينة والدائنة مع الدائنة ويرصد حساب الفوائد ويسجل في عمود المبالغ أما إن كان في طريقة الأرصدة فتحسب الفوائد على الرصيد تلوى الأخر وتجمع التي من نفس الطبيعة ثم ترصد وتنقل بطبيعتها لعمود المبالغ .

3-3-حالة إختلاف معدل الفائدة بحسب نوع العملية:

نقوم بحساب الفوائد من نفس المجموعة التي تربطها نفس العلاقة ، هنا يحسب كل مبلغ لحاله بحسب معدل الذي يشمله بعدها تجمع المدينة مع المدينة والدائنة مع الدائنة ونرصد الحساب ويسجل في عمود المبالغ .

تمارين الفصل الثالث

تمرين1:

طلب التاجر علي ذو رقم حساب 750 من الخارجي الجزائري في تاريخ 2015/12/31، إعداد كشف لحسابه الجاري ، إذا علمت أن معدل الفائدة 10%، وأن العميل قام بالعمليات التالية :

**رصيد قديم قيمته 4000 في تاريخ 20015/10/10

** تحويل لحسابه مبلغ 4000دج في 2015/11/10

** تسديد بشيك مبلغ 3000دج في 2015/10/14 .

** إعطاء أمر للبنك في تاريخ 2015/10/8 بدفع فواتير الغاز الشهرية في نهاية كل شهر المقدرة جزافيا بمبلغ 7000دج، علما أن البنك يخصم ما يقدر ب12% عمولة عن الخدمة .

** دفع كمبيالة في 2015/12/10 تستحق في 7 /2016/01 قيمتها 4000دج .

** قبض كمبيالة في 2015/12/15 تستحق في 2016/01/22 قيمتها 2000دج .

**عمولة إعداد كشف الحساب الجاري 100دج.

تمرين 2 :

طلب أحد التجار من البنك الخارجي الجزائري في تاريخ 2015/12/31إعداد كشف لحسابه الجاري بطريقة الأرصدة حيث أن البنك يعتمد معدل فائدة يقدر ب 10%، أن التاجر قام بالعمليات التالية :

رصيد قديم يستحق في 2015/08/31قيمته 2000دج، سحب بشيك في 2015/10/22 بقيمة 2500دج أمر في 2015/09/22بتحصيل شيك قيمته 5000دج في تاريخ 2015/10/07* دفع مشتريات بالبطاقة في تاريخ 2015/11/12 بقيمة 3500دج، علما أن البنك يقتطع من الحساب في نهاية الشهر، إيداع نقدي لمبلغ 3500دج في 2015/10/10* تسديد فواتير الكهرباء شهرية إبتدءا من تاريخ 2015/11/24 قيمتها 3500دج *مصاريف إعداد الكشف 60دج *دفع كمبيالة في 21/ 12/ 2015قيمتها 4000دج تستحق في 2016/01/24* قبض كمبيالة في 2015/12/26 قيمتها 1000دج تستحق في 2016/01/12

تمرين3 :

طلب مؤسسة صناعة النسيج من بنك الفلاحة والتنمية الريفية في تاريخ 2013/12/31إعداد كشف لحسابه الجاري بالطريقة المستقيمة و طريقة الأرصدة ، حيث أن البنك يعتمد معدل فائدة يقدر ب 10%، أن المؤسسة قامت بالعمليات التالية :

*رصيد قديم يستحق في 2013/09/30 قيمته 2000دج .

*إيداع نقدي في 2013/10/16 قيمته 1000دج.

*أعطى العميل لبنكه أمر في 2013/10/04 بدفع أقساط الإيجار الشهرية والمقدرة ب 2000دج

*يدفع البنك من تاريخ 2013/10/03 فواتير الغاز في منتصف كل شهر ، علما أن سنلغاز تعتمد التقدير الجزافي للإستهلاك المقدرب 7000دج للفاتورة الواحدة ، والبنك يأخد عمولة تقدرب 10دج عن كل فاتورة .

*تحصيل شيك في 2013/11/12 قيمته 3000دج

*إيداع نقدي في تاريخ 2013/12/14 بمبلغ6000دج

*دفع كمبيالة في 2013/12/20 قيمتها 1000دج تستحق في 2014/01/20

*قبض كمبيالة في 2013/12/20 قيمتها2000دج تستحق في 2014/2/8

*عمولة الحساب الجاري 70دج .

تمرين 4 :

طلب التاجر محمد ذو رقم حساب 350 من بنك الوطني الجزائري في تاريخ 2014/12/31، إعداد كشف لحسابه الجاري **بطريقة الأرصدة** ، إذا علمت أن معدل الفائدة 8%، وأن العميل قام بالعمليات التالية :

رصيد منقول قيمته 3000 في تاريخ 20014/10/30، إيداع نقدي لمبلغ 4000دج في 2014/11/16،** سحب بشيك مبلغ 1000دج في 2015/10/15 .

** إعطاء أمر للبنك في تاريخ 2014/10/3 بدفع فواتير الأنترنت الشهرية في نهاية كل شهر و المقدرة ب 5000دج، وتزيد ب 20% شهريا وأنا البنك يخصم ما يقدر ب10% عن الزيادة المحققة كل شهر بهدف تشجيع خدمة الأنترنت.

** دفع كمبيالة في 2014/12/20 تستحق في 10 /2015/01 قيمتها 5000دج .

** قبض كمبيالة في 2014/12/15 تستحق في 2015/01/20 قيمتها 3000دج .

**عمولة إعداد كشف الحساب الجاري 30دج

تمرين 5 :

طلبت مؤسسة ذو رقم حساب 550 من القرض الشعبي في تاريخ 2013/12/31، إعداد كشف لحسابه الجاري **بطريقة الأرصدة** ، إذا علمت أن معدل الفائدة 7%، وأن العميل قام بالعمليات التالية :

رصيد منقول قيمته 6000 في تاريخ 20013/05/31، إيداع نقدي لمبلغ 3000دج في 2013/06/18،** سحب بشيك مبلغ 6000دج في 2013/7/15 .

** إعطاء أمر للبنك في تاريخ 2013/9/15 بدفع الزيادات في الأجور بقرار رجعي على أن يبدأ تنفيذ هذا القرار في 15 ديسمبر ، إذا علمت أن الأجر الواحد النصف شهري يقدر ب5000دج ، وعدد العمال 60 عامل ، وأنه يوجد 20 عمال تم تسريحهم في 20 أكتور و5 عمال في 2 ديسمبر، ويحوي عقد العمل بأن كل عامل إشتغل أكثر من 3 أشهر من تاريخ إصدار الأمر يستفيد من منحة تقدر ب 700دج ،و إن يستوف المدة يخصم منه مبلغ 200دج

*تسديد أقساط الإيجار الشهرية للبنك إبتداءا من تاريخ 2013/11/01 قيمتها 2000دج ، علما أن البنك يمنح خصم يقدر ب ¼ من قيمة كل قسط .

*تحصيل شيك بمبلغ 3000دج في تاريخ 2013/11/24

*تسديد فواتير الكهرباء في نهاية كل شهر مقدرة جزافيا بقيمة 4000دج ويبدأ في التسديد من شهر سبتمبر.

** دفع كمبيالة في 2013/12/15 تستحق في 10 /2014/02 قيمتها 4000دج .

** قبض كمبيالة في 2013/12/30 تستحق في 2014/01/20 قيمتها 2000دج .

**عمولة إعداد كشف الحساب الجاري 100دج

القسم الثاني : العمليات المالية طويلة الأجل

الفصل الأول : الفائدة المركبة

أولا:الأسس العلمية للفائدة المركبة

ثانيا :إستخدام الجداول المالية و الدفعات المالية في الفائدة المركبة

ثالثا : تمارين الفصل الأول

الفصل الثاني : التسويات المالية في الفائدة المركبة

أولا: القيمة الحالية في الفائدة المركبة

ثانيا: التسويات المالية وإستبدال الديون

ثالثا :تمارين الفصل الثاني

الفصل الثالث : إستهلاك القروض

اولا : مفاهيم عامة إستهلاك القروض

ثانيا : طرق تسديد القروض

ثالثا: تمارين الفصل الثالث

تمهيد :

تعتبر الفائدة المركبة عائد على رأس المال المستثمر أو المقترض، و تستخدم في العمليات المالية طويلة الأجل،تتميز بقيمتها المتغيرة نظرا لإرتباطها برأس المال متغير، فهي مرتبطة بعدد من المعاملات المالية كالقروض ، حيث تعتبر الطريقة الأكثر إستخدام في حساب العائد، وحساب القسط المدفوع في إستهلاك القروض ، كما تستخدم في دراسة الجدوى الإقتصادية المرتبطة بالجانب المالي للمشاريع من خلال إستخدام القيمة الحالية لمبلغ أو القيمة الحالية لدفعات الإستثمارية ، ومن ثم فإستخدامها واسع في هذا المجال.

أولا : مفاهيم أولية للفائدة المركبة :

سنتعرف من خلاله على الفائدة المركبة، الفرق بين الفائدة المركبة والبسيطة ، قانون الفائدة المركبة

1-تعريف الفائدة المركبة :

تعرف الفائدة المركبة على أنها الفائدة الناتجة عن توظيف مبلغ ما وفائدته البسيطة خلال فترة لاحقة ، فهي تحسب في كل فترة زمنية وتضاف إلى رأس المال في الفترة الزمنية التالية وتجري عليها الفائدة حسب المعدل المحدد ، بمعنى في كل مرحلة من مراحل التوظيف تضاف الفائدة للأصل ليصبح أصلا جديد تحسب عليه الفائدة المركبة .

الفائدة المركبة تحسب على أساس الجملة بمعنى المبلغ الأصلي مضاف إليه الفوائد في كل وحدة زمنية وليس على أساس الأصل .

2-الفرق بين الفائدة البسيطة والفائدة المركبة :

نتعرف على الفروقات الجوهرية بين النوعيين من خلال الجدول التالي :

جدول رقم 1: الفروقات الجوهرية بين الفائدتين

نوع الفائدة	فائدة بسيطة	فائدة مركبة
الأصل	تحسب على الأصل فقط (C)	تحسب على أساس الجملةI+C=V
نوع العمليات	تعتمد عادة في العمليات قصيرة الأجل(فترتها أقل من سنة)	تعتمد عادة في العمليات طويلة الأجل(فترتها أكبر من سنة)

المصدر : من إعداد الباحثة

بهدف التعرف على حالات إستخدام كل نوع نحسب جملة 1دج بالطريقتين ، ويمكن توضح ذلك من خلال الجدول التالي :

جدول رقم 2: جملة 1دج لفائدة بسيطة ومركبة .

المدة / الجملة	0	2/1	1	2	3	4	...	∞
1+t.n	1	1+t/2	1+t	1+2t	1+3t	1+4t	....	∞
$(1+t)^n$	1	$(1+t)^{1/2}$	1+t	$(1+t)^2$	$(1+t)^3$	$(1+t)^4$	...	∞

المصدر : من إعداد الباحثة .

من أجل تدعيم الجدول نعرض المخطط التالي :

شكل رقم 1: إستخدمات الفائدة البسيطة والمركبة

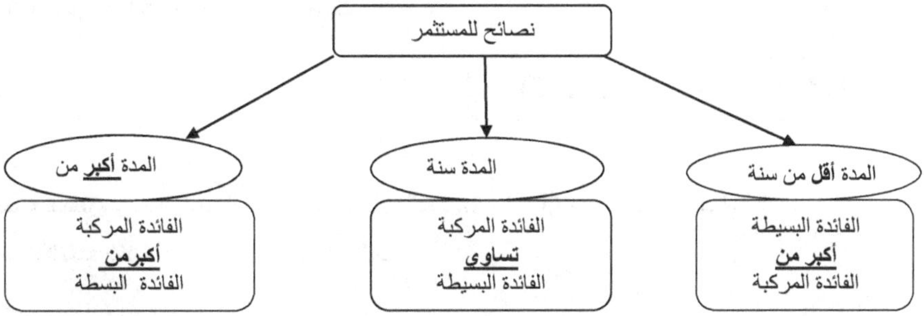

المصدر : من إعداد الباحثة .

3-قانون الفائدة المركبة

تعتبر العوامل المحددة للفائدة البسيطة نفسها المحددة للفائدة المركبة وهي الأصل، معدل الفائدة و المدة الزمنية للدين أو المبلغ المستثمر .وبهدف إستنتاج القانون العام للفائدة المركبة نتبع الطريقة التالية :

قلنا بأن الأصل في الفائدة المركبة هو الجملة في الفائدة البسيطة وبالتالي الأصل في السنة الأولى هو :

السنة الأولى .... $V_1=\mathbf{c(1+t)}$

السنة الثانية .... $V_2=v_1(1+t)=c(1+t)\ (1+t)=\mathbf{c(1+t)^2}$

السنة الثالثة .... $V_3=v_2(1+t)=c(1+t)^2\ (1+t)=\mathbf{c(1+t)^3}$

.

.

.

السنة n .... $Vn=c(1+t)^{n-1}\ (1+t)=\mathbf{c(1+t)^n}$

ومنه تصبح الصيغة العامة للجملة في الفائدة المركبة ممثلة في العلاقة الرياضية التالية :

$$\mathbf{V_n=c(1+t)^n} \quad ....(1)$$

من المعروف أن الجملة سواء في الفائدة البسيطة أو المركبة معرفة بالعلاقة التالية

الجملة = الأصل + الفائدة

ومنه يمكن إستنتاج علاقة الفائدة المركبة بناء على هذا القاعدة :

$Vn=C+I \leftrightarrow I=Vn-C=C(1+t)^n-C$

إذا إستخرجنا C كعامل مشترك من العلاقة السابقة نحصل على الصيغة رقم (2) التي تمثل الصيغة العامة **للفائدة المركبة الكلية** خلال مدة التوظيف .

$$I=C[(1+t)^n-1]..........(2)$$

مثال :

وظف شخص في أحد البنوك التي تعتمد معدل فائدة 4% مبلغ 400دج لمدة 10 سنوات

أحسب الفائدة الكلية الناتجة عن عملية التوظيف؟

الحل :

$$I=C[(1+t)^n-1]$$

$$=4000[(1+4\%)^{10}-1]=1920.977DA$$

4-الفائدة المركبة السنوية :

نعني بها فائدة كل سنة على حدى ، ويمكن حسابها من منطلق أن الأصل في الفائدة المركبة يكون في بداية السنة الأولى هو **نفسه C** وفي نهاية السنة الأولى ألا وهي بداية السنة الثانية يكون الأصل هو **الجملة**، وعليه يمكن إستخراج صيغة الفائدة المركبة السنوية من خلال ما يلي :

بالنسبة لنهاية السنة الأولى : n=1 / يصبح لدينا $I_1=C.t.n_1=C.t\ .1=C.t$

بالنسبة لنهاية السنة الثانية: /

$I_2=(C+I_1).t.n$

n=1

الأصل

$I_2=(C+C.t).t.n$

$I_2=c.t.(1+t)$

بالنسبة لنهاية السنة الثالثة: n=1

$I_3=(C+I_1+I_2).t.n$

$I_3=[C+c.t+c.t\ (1+t)].t$

$I_3=[C(1+t)+c.t\ (1+t)].t$

$I_3=C(1+t)(1+t)t$

$$I_3=C.t(1+t)^2$$

من صيغ السنوات الثلاثة السابقة يمكن إستنتاج الصيغة العامة لفائدة كل سنة على حدى بالعلاقة الرياضية التالية:

$$I_n=C.t(1+t)^{n-1}........(3)$$

مثال :

وظف أحد التجار مبلغ 1000دج لمدة 4 سنوات بمعدل فائدة مركبة 6% سنويا

أوجد الفائدة الكلية ، فائدة السنة الثانية و الرابعة .

الحل :

الفائدة الكلية :

$$I=C[(1+t)^n-1]$$

$$=1000[(1+6\%)^4-1]=262.47\ da$$

فائدة السنة الثانية فقط

$$I_n=C.t(1+t)^{n-1}$$

$$I_2=C.t(1+t)^{2-1}=1000.6\%(1+6\%)=63.6\ da$$

فائدة السنة الرابعة فقط

$$I_n=C.t(1+t)^{n-1}$$

$$I_4=C.t(1+t)^{4-1}=1000.6\%.(1+6\%)^3=71.46\ da$$

ملاحظة هامة :
الفائدة الكلية خلال مدة التوظيف = مجموع فوائد سنوات مدة التوظيف (كل سنة على حدى)

5-معدل الفائدة السنوي الإسمي والحقيقي :

معدل الفائدة عادة يعطى سنويا ، ولكن من الممكن أن تحسب الفائدة بالأيام ، أشهر ،فصول ، سداسيات ....إلخ وفي هذه الحالة لابد من تجزئة معدل الفائدة على حسب مدة حساب الفائدة، بمعنى أن المعدل وطريقة حساب الفائدة لابد أن يكونان من نفس الطبيعة ، وفي بعض الحالات تكون الفائدة سنوية والمعدل بالأشهر ، فصول ...إلخ وفي كلتا الحالتين نعتمد طريقة التحويل ليكونا من نفس الطبيعة ، وحتى يتسنى لنا شرح طريقة حساب كل واحد نعتمد الرموز التالية لتفرقة والتسهيل .

t_n: نرمز للمعدل السنوي الإسمي.

t_r: نرمز للمعدل السنوي الحقيقي.

t_p: نرمز للمعدل الجزئي.

5-1-معدل الفائدة السنوي الإسمي:

يحسب بضرب المعدل الجزئي لهو أقل من سنة في عدد أشهر السنة على مدة المعدل، بمعنى

المعدل السنوي الإسمي = المعدل الجزئي * $\frac{12}{\text{مدةالمعدل}}$

مثال :

أوجد معدل الفائدة السنوي الإسمي في الحالات التالية :

1-معدل جزئي 5% لكل شهر .

2- معدل جزئي 10% لكل سداسي.

3- معدل جزئي 4% لكل فصل.

4- معدل جزئي 12% لكل 150يوم.

الحل

حساب المعدل السنوي الإسمي :

1- المعدل السنوي الإسمي = المعدل الجزئي* $\frac{12}{\text{مدةالمعدل}}$

2-المعدل السنوي الإسمي = 5%.$\frac{12}{1}$=60%

3-المعدل السنوي الإسمي = 10%.$\frac{12}{6}$=20%

4-المعدل السنوي الإسمي =4%.$\frac{12}{3}$=16%

5-المعدل السنوي الإسمي = 12%.$\frac{360}{150}$=28.8%

5-2- معدل الفائدة الحقيقي :

هو المعدل الذي يعطي لنا نفس فائدة المعدل الجزئي بمعنى المكافئ له.

وهناك طريقتين لحسابه

أ-طريقة المعدل الجزئي : تحسب بالإعتماد على المعدل الجزئي من خلال العلاقة التالية :

$$V=c(1+t_p)^i= c(1+t_r)^n \quad \text{..................(1)}$$

كون مدة المعدل الحقيقي سنة يصبح لدينا مايلي :

$$(1+t_p)^i = (1+t_r)^1$$

جزء من السنة m مدة المعدل، $i=\frac{12}{m}$ المعدل الجزئي، t_p / $\mathbf{t_r = (1+t_p)^i - 1}$

مثال :

أوجد المعدل الحقيقي الذي يكافئ المعدلات الجزئية التالية :

2% لكل فصل، 5% لكل 4 أشهر،3% لكل 6 أشهر .

الحل :

إيجاد المعدل الحقيقي :

1- سنويا $t_r = (1+t_p)^m - 1 = (1+2\%)^{12/3} - 1 = 8.24.\%$

2- سنويا $T_r = (1+t_p)^m - 1 = (1+5\%)^{12/4} - 1 = 15{,}76\%$

3 -سنويا$t_r = (1+t_p)^m - 1 = (1+3\%)^{12/6} - 1 = 6{,}09\%$

ب- طريقة المعدل السنوي الإسمي:

تحسب بإستخدام المعدل السنوي الإسمي من خلال العلاقة التالية :

$$\mathbf{t_r = (1+\frac{tn}{i})^i - 1}$$

مثال :

أوجد المعدل الحقيقي في الحالات التالية

8% الفائدة تحسب كل 3شهور

9% الفائدة تحسب كل 4شهور

5% الفائدة تحسب كل شهر

الحل :

1 -سنويا $\mathbf{t_r = (1+\frac{tn}{i})^i - 1 = (1+\frac{8\%}{4})^{12/3=4} - 1 = 8{,}24\%}$

2- سنويا $\mathbf{t_r = (1+\frac{tn}{i})^i - 1 = (1+\frac{9\%}{3})^{12/3=4} - 1 = 9.27\%}$

3-سنويا $\mathbf{t_r = (1+\frac{tn}{i})^i - 1 = (1+\frac{5\%}{12})^{12/1=12} - 1 = 5{,}11\%}$

ثانيا: إستخدام الجداول المالية والدفعات في الفائدة المركبة

تستخدم الجداول المالية في حساب جملة المبالغ الموظفة سواء كانت مختلفة أو متساوية كما تعتمد في حساب القيمة الحالية لعدة مبالغ متساوية أو مختلفة .

1- إستخدام الجداول المالية لحساب الفائدة المركبة :

كل الجداول المالية تحتوي على صيغ عامة خاصة بدينار واحد فقط ، تستخدم في الفائدة المركبة عدد من الجداول المالية، وقبل التعرف على حالات إستخدامها و طريقة الإستعمال نتعرف أولا على محتوى كل جدول وما يعنيه

***الجدول المالي رقم 01** صيغته العامة يعبر عن جملة 1دج موظفة لمدة n بمعدل t ، هي $V=(1+t)^n$

***الجدول المالي رقم 02** يعبر عن القيمة الحالية ل 1دج موظفة لمدة n بمعدل t،صيغته $V_C=(1+t)^{-n}$

***الجدول المالي رقم 03** صيغته العامة هي $v=\frac{(1+t)^n-1}{t}$

يعبر عن جملة دفعات متساوية لآخر المدة ل 1دج موظفة لمدة n بمعدلt

***الجدول المالي رقم04** صيغته العامة هي $\boldsymbol{VC}=\frac{1-(1+t)^{-n}}{t}$

. يعبر عن القيمة الحالية لدفعات متساوية نهاية المدة ل 1دج موظفة لمدة n بمعدلt

***الجدول المالي رقم05** صيغته العامة هي $Vc=\frac{t}{1-(1+t)^{-n}}$

يستخدم في إستهلاك القروض (نتعرف عليه لاحقا)

الجدول المالي رقم06 : يعبر عن جملة 1دج موظفة لمدةm بالأشهر بمعدلt

مثال :

أحسب جملة 100دج موظفة بمعدل 7% لمدة 10سنوات بإستخدام الجدول المالي :

$$V=C\,(1+t)^n=100(1+7\%)^{10}$$

تستخرج هذه القيمة من الجدول المالي رقم 1 أمام تقاطع المقدار 7% و 10 سنوات لهي : 1,967151

$$V=100.1,967151=196,7151\ DA$$

مثال 2:

أحسب فائدة 1250دج موظفة لمدة 8سنوات و4 أشهر بمعدل 5% بإستخدام الجدول المالي .

الحل :

نعلم أن الجملة = الفائدة + الأصل ومنه الفائدة =الجملة – الأصل

نبدأ أولا بحساب الجملة ، كون فيها مدة بالسنوات والأشهر هنا نعتمد الجدول رقم 01 للمدة بالسنوات والجدول 06 للمدة بالأشهر ويكون ذلك كما يلي :

$$.()^{8}\ 5\%V=\mathbf{C}\ (1+t)^{n}(1+t)^{m/12}\quad =1250.(1+5\%)^{8}(1+5\%)^{4/12}$$

ج.م 2 ج.م 6

من الجدول المالي رقم 2 وأمام تقاطع المقدار 5% و 8سنوات نجد أن الجملة تقدر ب0.676839

من الجدول المالي رقم 6 وأمام تقاطع المقدار 5% و 4 أشهر نجد أن الجملة تقدرب1.0164

ومنه تصبح الجملة الكلية هي :

$$DA\ 859.923V=\mathbf{C}\ (1+t)^{n}(1+t)^{m/12}\quad =1250\ .0,676839\ .\ 1,0164=$$

2- حالات تعذر إستخدام الجدول المالي بطريقة مباشرة :

يتعذر إستخدام الجدول المالي في حالتين أساسيتين :

2-1-حالة عدم وجود المدة في الجدول المالي : يمكن أن نميز عدة حالات هي كما يلي :

2-1-1- المدة أكبر من 50سنة

تحتوى الجداول المالية كحد أعلى 50 سنة وهناك من يكون كحد أعلى لعدد السنوات 30سنة

فإذا كانت المدة أكثر من ماهو موجود في الجدول المالي فيمكن إستخدام قاعدة تجزئة الأس أي

$$Y^{N+M}=Y^{N}.Y^{M}$$

مثال :

أوجد جملة قرض قيمته 7000دج بإستخدام الجدول المالي وظف بمعدل 5% ولمدة 70 سنة ،

الحل :

بما أن المطلوب الجملة نستخدم الجدول المالي رقم 1، ولا يمكن ذلك إلا إذا جزئنا الأس لقيم أقل من 50سنة

$$V=\mathbf{C}\ (1+t)^{n}=C(1+t)^{70}$$

$$V= C(1+5\%)^{40}.(1+5\%)^{30}=7000.7,039989.4,321942=212984,969\ DA$$

2-1-1-حالة وجود كسر في المدة :

شكل مدة الجدول المالي هو عدد طبيعي ، فإذا كان خلاف ذلك كأن يكون مثلا 5سنوات و7 أشهر، فلا بد أحد الطرق التالية لإيجاد الجملة

أ- الطريقة العملية :

يستخدم في هذه الطريقة الفائدة البسيطة والفائدة المركبة وذلك بإعتماد القانون التالي :

$$V=\mathbf{C}\ (1+t)^{n}.(1+t.\frac{m}{12})$$

ولتوضيح ذلك نعرض المثال التالي :

<u>مثال:</u>

قرر مستثمر توظيف مبلغ 4000دج لمدة 10سنوات 8 أشهر بمعدل 9%،

-أوجد رصيد الشخص بإستخدام الطريقة العملية ؟

<u>الحل :</u>

$$V=\mathbf{C}\ (1+t)^{n}.(1+t.\frac{m}{12})= 4000(1+9\%)^{10}.(1+9\%.\frac{8}{12})$$

$$V=10037,623\ DA$$

ب-طريقة الجدول المالي :

يمكن إستخدام الجدول المالي رقم 01 في المدة بالسنوات والجدول المالي رقم 06 في المدة بالأشهر وذلك كما يلي :

$$V=\mathbf{C}\ (1+t)^{n}.(1+t)^{m/12}$$

ج م6 ج م 1

لتوضيح أكثر نحسب رصيد الشخص للمثال السابr

$$V= 4000(1+9\%)^{10}.(1+9\%.)^{8/12}$$

$$V=4000\ .\ 2,367364\ .\ 1,05913=10029,3849\ DA$$

<u>ملاحظة هامة :</u>

تكون نتيجة الجملة في الطريقة العملية أكبر منها في طريقة الجدول المالي، لأن جزء من الفائدة في الطريقة العملية يحسب بالفائدة البسيطة وهي أكبر من الفائدة المركبة في المدة أقل من سنة .

ج -طريقة الإستنباط :

تعرف كذلك بالطريقة النسبية أو الثلاثية ويمكن أن نميز فيها عدة مراحل لحساب الجملة وهي:

- نستخرج من الجدول المالي جملة $(1+t)^{n+1}$و$(1+t)^{n}$

-نحسب الفرق بين الجملتين السابقتين

- نضرب الفرق الناتج في القيمة-m/12 فنحصل على فائدة المدة الأقل من سنة

نجمع جملة $(1+t)^n$ - مع فائدة المدة الأقل من سنة

-نضرب نتيجة المرحلة السابقة في الأصل .

<u>مثال :</u>

نعتمد نفس المثال السابق لتوضيح مراحل الطريقة الثلاثية :

المدة = 10سنوات و 8 أشهر هذا يعني أنها : 10<n<11

$(1+t)^n= (1+9\%)^{10}=2,367364$
$(1+t)^{n+1}=(1+9\%)^{11} =2,580426$

الفرق بين القيمتين = 0.213062 ← 12 شهر

8 شهر → x

X=0,1420413

يمثل هذا المقدار فائدة 1دج موظفة بمعدل 9% لمدة 8 أشهر

ومنه : $V=(1+t)^n + x= (1+9\%)^{10}+ x=2,367364+0,1420413=2,509405$

يمثل هذا المقدار جملة 1دج موظفة لمدة 10سنوات و8 أشهر بمعدل 9%

$V=c(1+9\%)^{10+8/12}=4000 . 2,509405=10037,621$ da

2-1-2-حالة عدم وجود المعدل في الجدول المالي :

نحن نعلم بأن قيم المعدل في الجدول المالي تتغير ب0.25% وعليه إذا كان المعدل مثلا 5.47 % فهو غير موجود في الجدول ، وهذا ما يجعل الجدول المالي صعب الإستخدام لذلك نلجأ إلى عدة طرق منها :

أ-طريقة الآلة الحاسبة : يتم حساب الجملة مباشرة بالتعويض والحساب مباشرة بالآلة الحاسبة

<u>مثال :</u>

وظف تاجر 1000دج بمعدل 4.2% لمدة 2 سنة ، أوجد رصيد الشخص في نهاية مدة التوظيف ؟

<u>الحل :</u>

$V=c(1+t)^n= V=1000(1+4 ,2\%)^2= 1085,764$ da

ب-طريقة الإستنباط :

لإيجاد الجملة بإستخدام الطريقة الثلاثية نتبع الخطوات التالية :

-نستخرج جملة المعدلين المحصور مابينهما المعدل المعطى ، بمعنى المعدل الذي قبله مباشرة والذي يليه مباشرة في الجدول المالي

-نحسب الفرق مابينهما ونضر النتيجة في الفرق الموجود بين المعدل المعطى والمعدل الأقل وثم بعدها نقسمه على الفرق بين المعدلين المستخدمين في حصر المعدل المعطى .

-نجمع جملة المعدل الأصغر مع النتيجة المستخرجة من المرحلة السابقة ، فنتحصل على جملة 1دج موظفة بالمعدل المعطى خلال مدة التوظيف المطلوبة .

لتوضيح ذلك نعرض المثال التالي :

مثال :

قرر شخص توظيف مبلغ 4200دج في أحد المصارف التي تعتمد معدل فائدة مركبة 3.9% سنويا ، وهذا لمدة 6سنوات .

الحل :

نلاحظ أن المعدل محصور كمايلي :

المعدل = 3.9% سنويا ،. هذا يعني أنه : $3.75\% < t < 4\%$

$$(1+t_1)^n=(1+4\%)^6=1,265319$$
$$(1+t_2)^n=(1+3,75\%)^6=1,247179$$

الفرق بين القيمتين = 0.01814 ⟵ الفرق بين المعدلين =0.25%

الفرق بين المعدل المعطى وأصغر معدل=3.9%-4%=0.15% ⟶ x

$$x= 0.01088da$$

يمثل هذا المقدار فائدة 1دج موظفة بمعدل 0.15% لمدة 6 سنوات، ومنه :

$$V=(1+t)^n + x=(1+4\%)^6+x =1,247179+0.01088=1,258059$$

يمثل هذا المقدار جملة 1دج موظفة لمدة 6سنوات بمعدل 3.9%، ومنه جملة 4200 هي كمايلي :

$$V=c(1+3.9\%)^6=4200 . 1,258059=5283,8478 \text{ da}$$

3-جملة الدفعات المتساوية في الفائدة المركبة :

كما سبق وأن ذكرنا في الفائدة البسيطة هناك نوعين من الدفعات سنحاول معرفة جملة كل نوع منهم

3-1-جملة دفعات نهاية المدة أو الدفعات العادية أو دفعات التسديد

ما يميز هذا النوع أن الدفعة تدفع في نهاية المدة ، وتكون عادة في سداد القروض ، فمثلا نأخذ 6 دفعات ونوضحها من خلال الشكل التالي :

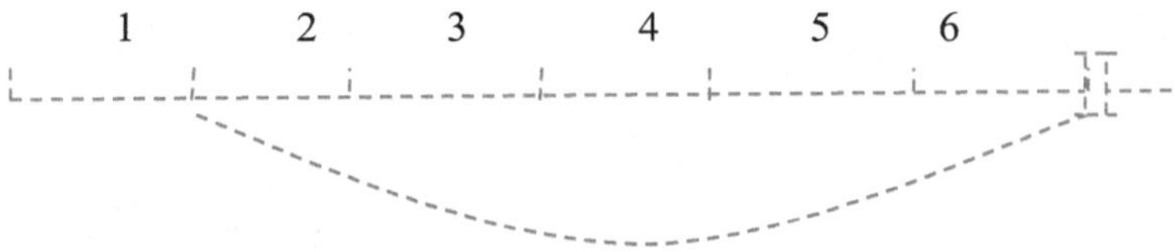

نلاحظ من الشكل أن مدة الدفعة الأولى ممثلة بالخط المتقطع وهي من نهاية السنة الأول ألا وهي بداية الثاني حتى نهاية السادس وتقدر ب 5سنوات ، أما الدفعة الأخيرة فهي ممثلة بالمستطيل وتعني نهاية السنة السادسة ، ولحساب الجمل نتبع الطريقة التالية :

$$V1=A(1+t)^{n-1}$$

$$V2=A(1+t)^{n-2}$$

$$V3=A(1+t)^{n-3}$$

$$\downarrow$$

$$Vn=A(1+t)^{n-n=0}=A$$

بجموع الجمل نتحصل على النتيجة التالية :

$$V=V1+V2+V3+\ldots\ldots+Vn= A(1+t)^{n-1} + A(1+t)^{n-2} + A(1+t)^{n-3}+\ldots+A$$

بما أن الجمع تبديلي فيمكن كتابة الصيغة السابقة كمايلي :

$$V= A+ (1+t)^{1} + A(1+t)^{2} +\ldots\ldots\ldots\ldots\ldots+A(1+t)^{n-1}.$$

، نلاحظ أن صيغة المجموع تمثل مجموع متتالية هندسية حدها الأول هو هو A وأساسها(1+t)

ومنه تصبح صيغة الجمع كما يلي :

$$V=A.\frac{(1+t)^{n}-1}{t}$$

يمثله الجدول المالي رقم 03

تمثل الصيغة العامة لجملة دفعات التسديد السنوية والمنتظمة

مثال :

قام أحد التاجر بتسديد مبلغ 4000دج كل سنة لمدة 8 سنوات، إذا كان معدل الخصم 6%، أوجد الجملة

-أوجد المبلغ الكلي المسدد من طرف هذا التاجر ؟

الحل :

بما أنها دفعات التسديد تكون في نهاية المدة وبالتالي نطبق القانون التالي :

$$V=A.\frac{(1+t)^{n}-1}{t}$$

$$V=4000.\frac{(1+6\%)^{8}-1}{6\%}$$

$$V=4000.9.897467=39589,87\ DA$$

2-3-جملة دفعات أول المدة أو الدفعات غير العادية أو الدفعات الفورية

ما يميز هذا النوع أن الدفعة تدفع في بداية المدة ، وتكون عادة في شكل دفعات إستثمارية ، فمثلا نأخذ 6 دفعات ونوضحها من خلال الشكل التالي :

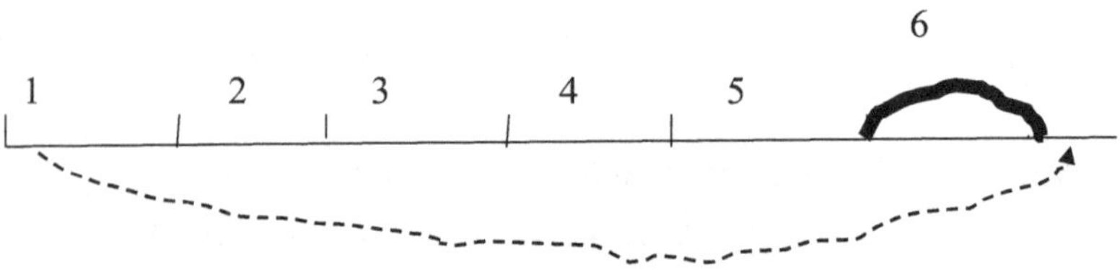

نلاحظ من الشكل أن مدة الدفعة الأولى ممثلة بالخط المتقطع وهي من بداية السنة الأول حتى نهاية السنة السادس وتقدر ب 6سنوات ، أما الدفعة الأخيرة فهي ممثلة بالخط العريض وهي من بداية السنة السادسة حتى نهايتها بمعنى سنة واحدة ، وبالتالي تكون جملة كل دفعة كما يلي :

$$V1=A(1+t)^{n}$$

$$V2=A(1+t)^{n-1}$$

$$V3=A(1+t)^{n-2}$$

↓

$$Vn=A(1+t)^1=A$$

بجموع الجمل نتحصل على النتيجة التالية :

$$V=V1+V2+V3+\ldots\ldots+Vn$$

$$Vn= A(1+t)^n+ A(1+t)^{n-1}\ldots+A(1+t)$$

بما أن الجمع تبديلي فيمكن كتابة الصيغة السابقة كمايلي :

$$V= A\,(1+t).+\ldots\ldots\ldots\ldots\ldots\ldots A(1+t)^n$$

، نلاحظ أن صيغة المجموع تمثل مجموع متتالية هندسية حدها الأول هو هو$A(1+t)$ وأساسها$(1+t)$

ومنه تصبح صيغة الجمع كما يلي :

$$V=A\,.\,(1+t)\,\frac{(1+t)^n-1}{t}$$

يمثله الجدول المالي رقم 03

تمثل الصيغة العامة لجملة دفعات التوظيف السنوية والمنتظمة

<u>مثال :</u>

قام أحد الأشخاص بتوظيف 4000دج كل سنة لمدة 10 سنوات، إذا كان معدل التوظيف 6%، أوجد الجملة الكلية المحققة من عملية التوظيف

<u>الحل</u> :

بما أنها دفعات التوظيف فهي في بداية المدة وبالتالي نطبق القانون التالي :

$$V=A\,.\,(1+t)\,.\frac{(1+t)^n-1}{t}$$

$$V=4000.(1+6\%).\frac{(1+6\%)^{10}-1}{6\%}$$

$$V=4000.1,06.13,180795=55886,57\ D$$

تمارين الفصل الأول:

تمرين1

أكمل الجدول التالي :

الجملة	الأصل	الفائدة	مدة التوظيف	معدل الفائدة
.......؟	9964دج	425دج	10سنوات	........؟
..........؟	.........؟	1280دج	5سنوات	2% لنصف السنة
25800دج	.......؟	...........؟	2.5سنة	6% سنويا
5700دج	.........؟	.............؟	4سنوات	8% سنويا
.......؟	34700	.............؟	10سنوات	10% سنويا

تمرين2:

إعتاد أحد الأشخاص على إيداع في آخر كل 6 أشهر مبلغ 1000دج لمدة 4سنوات ونصف ، إذا كانت جملة هذه المبالغ 12600دج

**أحسب المعدل السنوي الإسمي ؟

تمرين3:

تحصل أحد الزبائن على مبلغ 12600دج نتيجة لإدخاره 1000دج لمدة 4سنوات ونصف

أحسب المعدل السنوي الإسمي الذي طبقه البنك على هذا المدخر ؟

تمرين 4:

قرر شخص توظيف مبلغ 34000دج لمدة 6 سنوات ، بعد إطلاعه على قرار البنك المتعلق بالتوظيف والمتمثل في "أي مبلغ يوظف لمدة تزيد عن سنتين بدون سحب فإن معدل الفائدة يزداد كل سنتين بمعدل 2%، أوجد رصيد المدخر إذا علمت أن المعدل المعمول به 3% سنويا ، أوجد قيمة المبلغ في السنة الرابعة ؟

تمرين 5:

أرادت إحدى المؤسسات الإستثمار في مشروع يكلفها مبلغ س ، لأجل تنفيذ هذا المشروع بينت الدراسة أنه لابد من توظيف مبلغ 3200دج لمدة 6سنوات و4 أشهر ، بمعدل فائدة مركبة 5.2% سنويا

أوجد تكلفة المشروع بإستخدام طريقة الإستنباط ؟

تمرين 6:

يسدد تاجر لأحد البنوك كل سنة مبلغ 1000دج بمعدل 7%، إذا علمت أن جملته تقدر ب 15783.599دج

* أوجد مدة التوظيف بإستخدام الجدول المالي

تمرين 7

قرر شخص إيداع 7000دج في أحد المصارف التي تعتمد معدل فائدة 8% لمدة 6 سنوات و5أشهر

أوجد رصيد الشخص بالطريقة العملية والجدول المالي ؟ هل هناك إختلاف في النتائج و لماذا؟

تمرين 8:

أعلنا فرع الخدمات الإجتماعية لأحد البنوك أنه بإمكان عماله الإستفادة من قرض بمعدل 6% بغرض شراء جهاو إلكتروني ، حيث يتم تسديد قيمته بدفع 15 دفعة سنوية متساوية قيمتها 2500دج

-أوجد قيمة الجهاز الإلكتروني ؟

-إذا كان إقتراح البنك طريقة آخرى لتسديد القرض تتمثل في تسديد ما يقدر $\frac{1}{5}$ من قيمة الجهاو عند الشراء والباقي يتم بدفع 5 دفعات سنوية متساوية ، أوجد قيمة الدفعة ؟

تمرين9:

تم توظيف مبلغ 20000دج لمدة سنة في أحد البنوك التي تعتمد فائدة مركبة وبعد إطلاع المستثمر على حسابه في نهاية السنة قرر إضافة نفس القيمة وتوظيفها لنفس المدة ، وفي نهاية مدة التوظيف وجد رصيده الكلي يبلغ 44050.64دج

أحسب معدل التوظيف المعمول به من طرف البنك علما انه يعتمد معدل فائدة نصف سنوي؟

ماهو المعدل السنوي الحقيقي المكافئ لهذا المعدل ؟

تمرين10:

وجد أحد المتعاملين رصيده في أحد المصارف 50000دج ، إذا أنه تحصل عليه من رصيد ثلاث حسابات، ما يميز هذا الحسابات أنها تعطى نفس الجملة في حالة أن المبلغ الأول يوظف لمدة سنتين والثاني لمدة 5سنوات والثالث لمدة 6 سنوات، إذا علمت أن معدل التوظيف يقدر ب 7.5%، أوجد مساهمة كل حساب في المبلغ المتحصل عليه؟

تمرين11:

إشترى تاجر عقار تم تسديده من خلال :

- البديل الأول : دفع 24 دفعة سنوية قيمتها 2500دج، الأولى تبدأ بعد مرور سنتين ، ودفع مبلغ نقدي قيمته 200دج

-البديل الثاني : يدفع 10 دفعات في بداية المدة قيمتها 5000دج، الأولى تبدأ بعد مرور 5سنوات ، والباقي يتم دفعه فورا ، إذا علمت أن المعدل 5%، ما قيمة العقار؟أوجد قيمة المبلغ الفوري إذا كان هناك تكافؤ مابين البدلين ؟

تمرين 12:

قرر قسم التسويق بعد دراسته لسوق إضافة آلة لزيادة كمية الإنتاج تكلفها مبلغ 56000دج، حيث أنها تدير ربح نصف سنوي صافي 3500دج، أوجد مدة إسترجاع قيمة آلة إذا علمت أن معدل المعمول به 6%

الفصل الثاني : التسويات المالية في الفائدة المركبة

أولا: القيمة الحالية في الفائدة المركبة

ثانيا: التسويات المالية وإستبدال الديون

ثالثا : تمارين حول الفصل الثاني

أولا :القيمة الحالية في الفائدة المركبة

تعرف القيمة الحالية على أن القيمة الآنية لمبلغ يتحقق في المستقبل، فلو طبقنا هذا التعريف على قانون الجملة ، لكانت الجملة تمثل القيمة المستقبلية وفي القيمة الحالية نطلق عليها القيمة الإسمية، وبالتالي من القانون

$$V=C\ (1+t)^{n}$$

نستنتج أن الأصل يمثل القيمة الآنية ونطلق عليها بالقيمة الحالية ، الجملة القيمة الإسمية وبتطبيق ذلك نحصل على ما يلي :

$$Vn=Vc.(1+t)^{n} \leftrightarrow Vc=Vn.(1+t)^{-n}$$

ومنه الصيغة العامة للقيمة الحالية لمبلغ معين هي كما يلي:

$$Vc=Vn.(1+t)^{-n}$$

جدول رقم 2

1-القيمة الحالية لعدة مبالغ مختلفة :

تظهر أهمية حساب القيمة الحالية لعدة دفعات عند دراسة جدوى المشاريع ، فالقيمة الحالية الكلية هي الإستمار الذي يراد دفعه الآن ، والدفعات هي التدفقات النقدية المحتملة السنوية للمشروع خلال عمره الإنتاجي

إذا كان لدينا عدة دفعات مختلفة قيمتها كما يلي :

: $C1\ ,C2\ ,........Ci$ ، تستحق بعد $n1\ ,n2.......ni$ فإن القيمة الحالية الكلية تمثل مجموع القيم الحالية الجزئية للمبالغ بمعنى :

$$Vc=Vc_1+Vc_2+.......+V_{Cn}$$

$$Vc=C_1\ (1+t)^{-n1}+C_2\ (1+t)^{-n2}+\ ....+C_i\ (1+t)^{-ni}$$

$$Vc=\sum_{i=1}^{n}(1+t)^{-ni}$$

مثال :

يتطلب تنفيذ أحد المشاريع إستثمار مبدئي على شكل دفعات مختلفة ، حيث تدفع على التوالي في السنة الثانية8000دج، الثالثة يدفع 6000دج ، الرابعة يدفع 3000دج

-أوجد القيمة الحالية للإستثمار المبدئي إذا علمت أن معدل الخصم 8% ؟

الحل :

نحن نعلم أن الإستثمار المبدئي يكون في البداية ومنه فإن مدة الخصم تحسب من بداية السنوات السابقة إلى النقطة صفر (فمثلا بداية الثانية تعني نهاية الأولى وهكذا) .

$$Vc=Vc_1+Vc_2+V_C$$

$$C_1\ (1+t)^{-n1}+C_2\ (1+t)^{-n2}+C_3\ (1+t)^{-n3}=$$

$$8000(1+8\%)^{-1}+6000(1+8\%)^{-2}+3000(1+8\%)^{-3}=$$

يتم إستخراج القيم المشار إليها بالسهم من الجدول المالي رقم 2

$$V_C=8000.0,925926+6000.0,857339+3000.0\ ,793832$$

$$Vc=14932,938DA$$

2-القيمة الحالية لدفعات متساوية على فترات منتظمة :

يمكن أن نميز كما سبق وأن رأينا نوعين من الدفعات كما يلي :

2-1-القيمة الحالية لدفعات الإستثمار :

لتكن لدينا A دفعة إستثمار متساوية تستحق على التوالي :

n1 ,n2,n3….ni:، والقيمة الحالية لدفعات الإستثمار في النقطة صفر موضحة في الشكل التالي

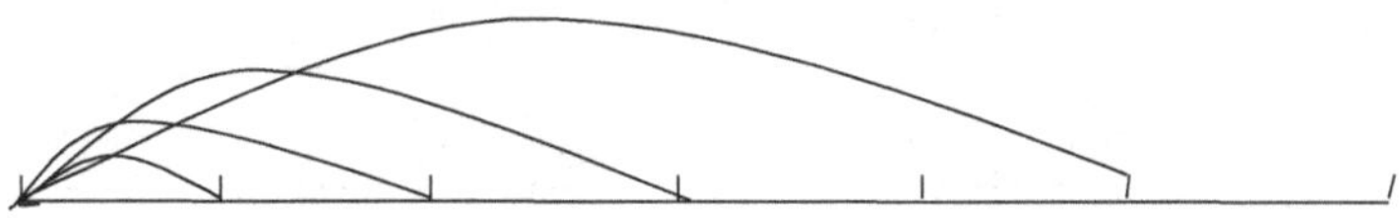

القيمة الحالية في النقطة صفر لكل دفعة من دفعات أول المدة هي كما يلي :

$$Vc_1=A(1+t)^0=A$$
$$Vc_2=A(1+t)^{-1}$$
$$Vc_3=A(1+t)^{-2}$$
$$\downarrow$$
$$Vcn=A(1+t)^{-(n-1)}=A(1+t)^{n-1}$$

$$Vc=Vc_1+Vc_2+........V_{Cn}$$

$$=A\ (1+t)^0+A\ (1+t)^{-1}+A\ (1+t)^{-2}+...+A(1+t)^{n-1}$$

نلاحظ أن المجموع و عبارة عن مجموع حدود متتالية هندسية حدها الأول

A وأساسها هو $(1+t)^{-1}$

ومنه تكون صيغة المجموع كالتالي :

$$V_C=A\cdot\frac{(1+t)^{-1.n}-1}{(1+t)^{-1}-1}=A\cdot\frac{(1+t)^{-n}-1}{(1+t)^{-1}-1}$$

تصبح العلاقة كما يلي :$(1+t)$ بضرب البسط والمقام في القيمة

$$V_C=A\,\frac{(1+t)}{(1+t)}\cdot\frac{(1+t)^{-n}-1}{(1+t)^{-1}-1}=A(1+t)\cdot\frac{(1+t)^{-n}-1}{1-1-t}=A(1+t)\cdot\frac{(1+t)^{-n}-1}{-t}$$

بضرب العلاقة في العدد (-1) نتحصل على العلاقة التالية :

$$V_C=A(1+t)\cdot\frac{1-(1+t)^{-n}}{t}$$

تمثل الصيغة العامة للقيمة الحالية لدفعات أول المدة المتساوية والمنتظمة.

2-2-القيمة الحالية لدفعات آخر المدة :

تستحق على التوالي A دفعة آخر المدة متساوية قيمتها nلتكن لدينا

، والقيمة الحالية لدفعات آخر المدة في النقطة صفر موضحة في الشكل التالي :n1 ,n2,n3….ni

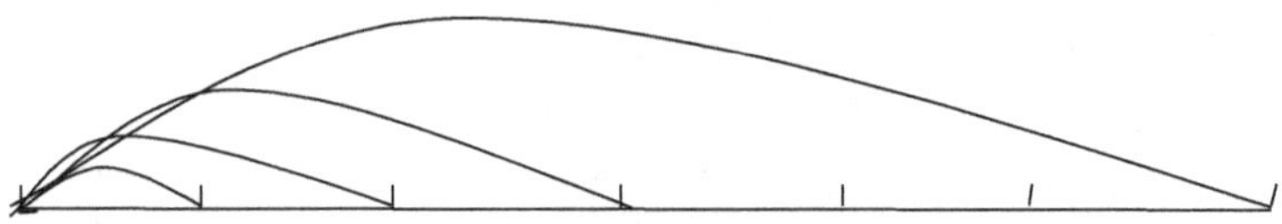

القيمة الحالية في النقطة صفر لكل دفعة من دفعات آخر المدة هي كما يلي :

$$Vc_1=A(1+t)^{-1}$$
$$Vc_2=A(1+t)^{-2}$$
$$Vc_3=A(1+t)^{-3}$$
$$\downarrow$$
$$Vc_{n-1}=A(1+t)^{-(n-1)}=A(1+t)^{1-n}$$
$$Vc_n=A(1+t)^{-n}$$

$$Vc=Vc_1+Vc_2+\ldots\ldots..V_{Cn}$$

$$=A\,(1+t)^{-1}+A\,(1+t)^{-2}+A\,(1+t)^{-3}+\ldots+A(1+t)^{-n}$$

نلاحظ أن المجموع و عبارة عن مجموع حدود متتالية هندسية ،أساسها هو $(1+t)^{-1}$ وحدها الأول A

ومنه تكون صيغة المجموع كالتالي :

$$V_C = A(1+t)^{-n}\frac{(1+t)^n-1}{t}$$

وبتبسيط العلاقة نتحصل على الصيغة العامة للقيمة الحالية لدفعات آخر المدة كمايلي :

$$V_C = A.\frac{1-(1+t)^{-n}}{t}$$

نتحصل على العبارة المشار إليها بالسهم من الجدول المالي رقم 04

3- تقييم متتالية دفعات متساوية على فترات منتظمة :

يمكن أن نميز ثلاثة أنواع في عملية التقييم سواء بالنسبة لدفعات التوظيف أو التسديد ، ولكننا سنعتمد في عرض الحالات دفعات التسديد ونفس الكلام ينطبق على دفعات التوظيف .

3-1التقيم البعدي :

يقصد به التقييم بعد نهاية مدة التوظيف لدفعات متساوية بعد إنقضاء عملية الدفع أو التسديد ، بمعنى لفترة X حيث $X>n$ بمعنى إنتهت مدة التوظيف ونريد معرفة الجملة بعدها في تاريخ لاحق ، لذلك نعرض الخطوات التالية:ى

نحسب جملة الدفعات حتى إنقضاء مدة التوظيف وبعدها نعيد توظيف الجملة الناتجة لفترة (X-n) ، ويمكن التعبير عنها رياضيا كمايلي :

$$V_x = V_n(1+t)^{X-n}$$

$$= A.\frac{(1+t)^n-1}{t}.(1+t)^x.(1+t)^{-n}$$

$$= A.\frac{1-(1+t)^{-n}}{t}.(1+t)^x$$

القيمة الحالية لدفعات التسديد

$$V_x = V_C.(1+t)^x$$

من النتيجة الآخيرة توصلنا إلى أنه لحساب الجملة في هذ الحالة هناك طريقتين :

3-1-1-الإنطلاقة جملة : تحسب جملة الدفعات في التقييم البعدي بإستخدام هذه الطريقة بحساب جملة الدفعات حتى نهاية مدة التوظيف ثم يعاد توظيف النتيجة لفترة (X-n)

$$V_X=A.\frac{(1+t)^n-1}{t}.(1+t)^{x-n}$$

3-1-2- الإنطلاقة قيمة حالية :

تحسب جملة الدفعات في التقييم البعدي بإستخدام هذه الطريقة بحساب القيمة الحالية لدفعات في نقطة الإنطلاق ثم توظف النتيجة لفترة X

$$V_x= A.\frac{1-(1+t)^{-n}}{t}.(1+t)^x$$

مثال :

رفع أحد المصارف معدل الفائدة ل10% في أحد حساب التوفير ، لذلك قرر أحد العملاء توظيف سنوي لمبلغ 1000دج لهذا الحساب لمدة 15 سنة ،بعد إنقضاء هذه الفترة ومرور 4 سنوات عن توظيف آخر مبلغ سحب التاجر كل رصيده من البنك .

ما قيمة المبلغ المسحوب من البنك ؟

الحل :

نلاحظ من المثال أنه تم توظيف الجملة الدفعات المتحصل عليها لمدة 4 سنوات وعليه يكون رصيد الشخص كما يلي :

الطريقة1:

$$V_X=A.\frac{(1+t)^n-1}{t}.(1+t)^{x-n}$$

$$V_X=\frac{(1+10\%)^{15}-1}{10\%}$$

1000. $(1+10\%)^4$

ج م 3 ج م1

$$V_X=1000.\ 31,772481\ .\ 1,4641=46518,09\ da$$

الطريقة2 :

$$V_x= A.\frac{1-(1+t)^{-n}}{t}.(1+t)^{x}$$

$$V_x= 1000.\frac{1-(1+10\%)^{-15}}{10\%}.(1+10\%)^{19}$$

ج م 4 ج م1

$$V_X=1000.\ 7,60608\ .6,115909=46518,09\ da$$

2-3- التقيم القبلي :

يقصد به التقييم قبل بداية مدة التوظيف لدفعات متساوية بفترة Y حيث Y<n بمعنى لذلك نعرض الخطوات التالية:

نحسب جملة الدفعات حتى إنقضاء مدة التوظيف وبعدها نرجع الجملة بإستخدام القيمة الحالية الفترة (Y+n) ، ويمكن التعبير عنها رياضيا كما يلي :

$$V_x= V_n(1+t)^{-(y+n)}$$

$$= A.\frac{(1+t)^{n}-1}{t}\ .(1+t)^{-Y}.(1+t)^{-n}$$

$$= A.\frac{1-(1+t)^{-n}}{t}.(1+t)^{-Y}$$

القيمة الحالية لدفعات التسديد

$$V_x= V_C.(1+t)^{-Y}$$

من النتيجة الآخيرة توصلنا إلى أنه لحساب الجملة في هذ الحالة هناك طريقتين :

3-2-1-الإنطلاقة جملة : تحسب جملة الدفعات في التقييم القبلي بإستخدام هذه الطريقة بحساب جملة الدفعات حتى نهاية مدة التوظيف ثم يعاد خصمها الفترة (Y+n)

$.(1+t)^{-}$

$$V_X=A.\frac{(1+t)^n-1}{t}$$ (y+n)

3-2-2- الإنطلاقة قيمة حالية :

تحسب جملة الدفعات في التقييم القبلي بإستخدام هذه الطريقة بحساب القيمة الحالية لدفعات حتي نقطة الإنطلاق ثم تخصم النتيجة لفترة Y.

$$V_x= A.\frac{1-(1+t)^{-n}}{t}.(1+t)^{-Y}$$

3-3-التقيم خلال مدة التوظيف :

يقصد به التقييم بعد توظيف عدد معين من الدفعات وقبل نهاية كل الدفعات بمعنى $0 < K < n$

نحسب جملة الدفعات الموظفة حتى الفترة n بمعنى على كامل مدة التوظيف وبعدها نرجع الجملة بإستخدام القيمة الحالية الفترة (K-n) ، ويمكن التعبير عنها رياضيا كما يلي :

$$V_x= V_n(1+t)^{-(n-k)}$$

$$= A.\frac{(1+t)^n-1}{t} (1+t)^{k}.(1+t)^{-n}$$

$$= A.\frac{1-(1+t)^{-n}}{t}.(1+t)^{K}$$

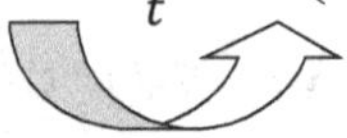

القيمة الحالية لدفعات التسديد

$$V_x=V_C.(1+t)^K$$

من النتيجة الأخيرة توصلنا إلى أنه لحساب الجملة في هذه الحالة هناك طريقتين :

3-3-1-الإنطلاقة جملة : تحسب جملة الدفعات في التقييم أثناء مدة التوظيف بإستخدام هذه الطريقة بحساب جملة الدفعات حتى نهاية مدة التوظيف ثم يعاد خصمها الفترة (K-n)

$(1+t)^{k-}$

$$V_X=A.\frac{(1+t)^n-1}{t}$$ n

3-3-2- الإنطلاقة قيمة حالية :

تحسب جملة الدفعات في التقييم أثناء مدة التوظيف بإستخدام هذه الطريقة بحساب القيمة الحالية لدفعات حتي نقطة الإنطلاق ثم توظف النتيجة لفترة K.

$$V_x = A.\frac{1-(1+t)^{-n}}{t}.(1+t)^K$$

مثال :

أراد أحد التجار الحصول على عقار بغرض بناء محل تجاري فكان أمامه بدلين :

1-دفع 12 دفعة تسديد سنوية قيمة الواحدة 20000دج

2-دفع مبلغ واحد في نهاية السنة الرابعة من تاريخ الشراء

إذا علمت أن المعدل المعمول به 10%، ما قيمة المبلغ المدفوع حتى يكون تكافؤ بين البدلين .

الحل :

يتحقق التكافؤ بين البدلين في نقطة الشراء أو الإتفاق بمعنى النقطة صفر

نلاحظ كذلك أن المبلغ الذي يمثل البديل الثاني يكون خلال فترة التوظيف بمعنى السنة الرابعة وبالتالي نحن بصدد التقييم أثناء مدة التوظيف ، وعليه يمكن حساب المبلغ كمايلي :

الطريقة الأولى :

$(1+t)^{4-}$

$$V_X = A.\frac{(1+t)^n-1}{t}$$ 12

$$Vx = 20000.\frac{(1+10\%)^{12}-1}{10\%}.(1+10\%)^{-8}$$

$=. V_X=20000 . 21 ,384284 .0,466507=199518.36$ da

الطريقة الثانية :

$$V_x = A.\frac{1-(1+t)^{-n}}{t}.(1+t)^K$$

$$V_x = 20000.\frac{1-(1+10\%)^{-12}}{10\%}(1+10\%)^4$$

$$V_x = 20000 .6,813692 . 1,4641 = 199518,5$$

ثانيا : التسويات المالية في الفائدة المركبة

تعني إستبدال دين قديم بدين آخر جديد في تاريخ معين يسمى تاريخ التكافؤ أو التبديل ، أي تغير موعد إستحقاق الدين الأصلي، وكل ما قيل عن التكافؤ في الفائدة البسيطة يعاد قوله في الفائدة المركبة فيما عدا أنه إذا تكافئتا ورقتين تجاريتين في تاريخ معين فإنهما يتكافئان في كل التواريخ الآخرى .

لدينا في النقطة صفر الورقتان متكافئتان بمعنى :

$V_{c1}=V_2$

ومنه : $V_{n1}(1+t)^{-n1} = V_{n2}.(1+t)^{-n2}$

بضرب الطرفين في العدد $(1+t)^x$ **نجد** : $V_{n1}(1+t)^{-(n1-x)} = V_{n2}.(1+t)^{-(n2-x)}$

ومنه نستنتج أن الورقتان متكافئتان في تاريخ آخر .

توجد حالات للإستبدال فقد يكون :

-تاريخ الإستحقاق الدين الجديد بعد القديم : لذلك فإن القيمة الإسمية لدين الجديد تكون أكبر من القيمة الإسمية للدين الأصلي بمعنى نضيف له فوائد التأخير والتي تحسب من قانون الجملة التالي :

$$V= C.(1+t)^n$$

وتحسب n من تاريخ إستحقاق الديون الأصلية إلى تاريخ الإستحقاق الجديد

-تاريخ الإستحقاق الدين الجديد قبل القديم : لذلك فإن القيمة الإسمية لدين الجديد تكون أقل من القيمة الإسمية للدين الأصلي بمعنى نخصم له فوائد التقديم والتي تحسب من قانون القيمة الحالية التالي :

$$Vc=C.(1+t)^{-n}$$

وتحسب n من تاريخ إستحقاق الديون الأصلية إلى تاريخ الإستحقاق الجديد.

1-التسويات المالية في حالة مبلغ واحد:

قد يكون للمدين دين يرغب في تبديه بدين أخرى يختلف من حيث تاريخ الإستحقاق وكذا القيمة الإسمية ، وحتى نتمكن من الإستبدال لابد من تحقق الشرط التالي :

القيمة الحالية للدين الأصلي أو القديم = القيمة الحالية للدين الجديدة في تاريخ التكافؤ .

<u>مثال :</u>

أراد أحد التجار بعد مرور سنة عن دينه المقدر بمبلغ 1000دج والذي يستحق الدفع بعد 2سنة ، تبديله بدين آخر يستحق الدفع بعد 3سنوات، غذا كان معدل المعمول به من طرف البنك هو 10%

أوجد قيمة الدين الجديد ؟

<u>الحل :</u>

القيمة الحالية للدين الأصلي أو القديم = القيمة الحالية للدين الجديدة في تاريخ التكافؤ

$$Vc1 = Vc2 = Vc1 = Vc2 \leftrightarrow$$

$$C_1.(1+t)^{-n1} = C_2(1+t)^{-n2}$$

$$C_2 = \frac{C1.(1+t)-n1}{(1+t)-n}$$

$$C_2 = \frac{1000.(1+10\%)-1}{(1+10\%)-3}$$

2-التسويات المالية في حالة عدة مبالغ

قد يكون للمدين عدة ديون لها قيم مختلفة وتواريخ مختلفة ويرغب في تبديها بدين أو عدة ديون أخرى تختلف من حيث تواريخ الإستحقاق وكذا القيم ، وحتى نتمكن من الإستبدال لابد من تحقق الشرط التالي :

القيمة الحالية للديون الأصلية أو القديمة = القيمة الحالية للديون الجديدة في تاريخ التكافؤ .

<u>مثال :</u>

شخص مدين بالمبالغ التالية :

2000دج تستحق بعد 5 سنوات

3000دج تستحق بعد 6سنوات

5000دج تستحق بعد 8سنوات

وقد تم الإتفاق على تسديد جميع ما عليه بدفع مبلغ واحد بعد 12 سنة .

أوجد المبلغ الذي سيدفعه المدين للدائن إذا علمت أن المعدل المعمول به هو 8%

<u>الحل :</u>

في تاريخ التكافؤ أو التبديل لهو النقطة الصفر أو تاريخ تحرير الديون يكون لدينا :

القيمة الحالية للديون الأصلية أو القديمة = القيمة الحالية للديون الجديدة

$$Vc1+Vc2+Vc3 = Vc = Vc1 = Vc2 \leftrightarrow$$

$$C_1.(1+t)^{-n1} + C_2.(1+t)^{-n2} + C_3.(1+t)^{-n3} = C(1+t)^{-n}$$

$$C = \frac{C1.(1+t)-n1 + C2.(1+t)-n2 + C3.(1+t)-n3}{(1+t)-n}$$

$$C = \frac{2000.(1+8\%)^{-5} + 3000.(1+8\%)^{-6} + 5000.(1+8\%)^{-8}}{(1+8\%)^{-12}}$$

$$C = 14990{,}71 \text{ Da}$$

تمارين الفصل الثاني :

تمرين 1

يودع مدخر في أحد البنوك كل سنة مبلغ 1000دج بمعدل 10%إذا كانت جملته 12600دج، أوجد مدة التوظيف بإستخدام الجدول المالي ؟

تمرين 2

-قدر رصيد أحد المتعاملين ب 7500دج نتيجة لتوظيفه بفائدة مركبة مبلغ في نهاية كل نصف سنة 500دج لمدة 5 سنوات ونصف، أوجد المعدل السنوي الإسمي والحقيقي المعمول به من طرف البنك ؟

تمرين3

وظف شخص مبلغ 7000دج لمدة 3سنوات و5 أشهر بمعدل فائدة مركبة 6%

-أوجد جملة المبلغ الناتج بإستخدام طريقة الإستباط والجدول المالي والطريقة العملية ؟

تمرين 4

وظف شخص مبلغ 2500دج لمدة 5سنوات نتيجة لتعرفه على أسلوب البنك في التوظيف، بمعدل فائدة مركبة 5 % يزداد سنويا 1 % ما قيمة المبلغ الناتج عن التوظيف ، قيم المبلغ الناتج في النقطة صفر وفي السنة الثانية بإستخدام الجملة والقيمة الحالية .

تمرين 5

أعلن أحد المصارف أنه من يوظف مبلغ س في حساب التوفير الأول الذي يعتمد معدل 7% سوف يحقق فائدة قدرها 20دج ومن يوظف أمواله في حساب التوفير الثاني الذي يعتمد معدل 8 % لفترة تقل بسنتين عن الحساب الأول فحقق فائدة قدرها 6دج ، أوجد المبلغ الموظف ومدة التوظيف؟

تمرين 6

- قرر مستثمر إيداع 7000دج في أحد المصارف التي تعتمد معدل فائدة 8% لمدة 6سنوات 5أشهر

**أوجد رصيد الشخص بإستخدام الطريقة العملية والإسنباط ؟ هل هناك إختلاف في النتائج ولماذا؟

تمرين7

-أحسب جملة 30 دفعة توظيف يتم إيداعها في نهاية كل سنة، فيما عدا 10 دفعات الأخيرة كانت في البداية وأن البنك يتبع إستراتيجية مفادها أن معدل الفائدة المركبة يتغير بعد إيداع 10 دفعات كما يلي : 8%،10%،9%

-أحسب قيمة المبلغ الناتج في نهاية مدة التوظيف بإستخدام طريقتين (الإنطلاق جملة والإنطلاق قيمة حالية).

تمرين 8

وظف شخص مبلغ 4500دج لمدة 4سنوات نتيجة لتعرفه على أسلوب البنك في التوظيف، بمعدل فائدة مركبة 5 %يزداد كل سنتين ب 1 % ما قيمة المبلغ الناتج عن التوظيف ، قيم المبلغ الناتج في النقطة السنة الثالثة بإستخدام الجملة والقيمة الحالية .

تمرين 9

يعرض محل تجاري لبيع الهواتف النقالة بدلين :

1-دفع 500دج ودفع 6 دفعات سنوية قيمة الواحدة 100دج

2-دفع 10 دفعات متساوية بحيث الأولى بعد سنين والثانية بعد أربع سنوات ، أما باقي الدفعات تم تسديدها سنويا إذا علمت أن المعدل 10%،

* اوجد قيمة الدفعة في حالة تكافؤ بين البديلين في النقطة صفر ، وفي حالة تاريخ تسديد الدفعة الثالثة ؟

تمرين 10:

وظف شخص مبلغ 150000دج لمدو 4سنوات بفائدة مركبة ، حيث أن البنك يتبع سياسة تغيير معدل الفائدة بالنسبة للسنوات الفردية يعتمد معدل 4%، السنوات الزوجية 6%

*ماهو المبلغ الناتج عن التوظيف ؟ قيم المبلغ الناتج في الصفر؟قيم المبلغ الناتج في السنة الثانية ؟

تمرين11:

أعلن مصرف أن " كل وديعة سنوية منتظمة ومتساوية لمدة 12 سنة ، يكون معدل التوظيف فيها في 5 سنوات الأولى 3%، وفي باقي السنوات5%، إذا كانت هناك زيادة سنوية في الوديعة بعد غنقضاء 12 سنة بمقدار النصف ، فإن معدل الفائدة يزيد ب 3% سنويا وهذا لمدة 4 سنوات الموالية

*أوجد جملة المبلغ في نهاية مدة التوظيف(سنة 16)، إذا علمت أن الدفعة قيمتها 400دج ؟

*أوجد القيمة الحالية لجملة الدفعات في السنة 12 وفي السنة السابعة ؟

تمرين 12:

قرر مستثمر إستثمار أمواله سنويا بشراء نوعين من الأسهم ، النوع الأول قيمته 2000دج ، أما النوع الثاني يبدأ في الإستثمار فيه سنة بعد الأول وقيمته 7000دج، حيث كان قرار مالك الأسهم هو منح معدل عائد 8%سنويا ، وأنه سيزيد في معدل العائد ب 2% لمن يواضب على شراء السهم الأول لمدة 4 سنوات ، أما السهم الثاني فمعدل الفائدة 6%، ويزداد كل سنتين ب3% لمن يواضب على الشراء لمدة 6 سنوات

قرر أحد المستثمرين الإستفادة من هذا القرار،

* أوجد العائد من الإستثمار في نهاية مدة التوظيف بإستخدام الجملة ؟

*أوجد رصيد المستثمر في السنة الثالثة بإستخدام الجملة والقيمة الحالية ؟

الفصل الثالث : إستهلاك القروض

اولا : مفاهيم عامة حول إستهلاك القروض

ثانيا : طرق تسديد القروض

ثالثا: تمارين الفصل الثالث

تمهيد :

يلجأ الكثير من المستثمرين إلى الاقتراض من البنوك لتوفير السيولة اللازمة، ومع انتشار وتطور المعاملات المالية وظهور عدة أنماط من القروض كعمليات البيع بالتقسيط ، أصبحت أغلب المؤسسات التي تحتاج لتمويل تعتمد وسيلة الإقترض لتغطية إحتياجاتها التمويلية، ومن المعروف أن هذه الأخيرة لا تتم بصورة عشوائية وإن تتم وفق عقد بين الطرفين يحدد فيه مختلف الشروط المرتبطة بالعملية التمويلية، ويضمن من خلاله حقوق وواجبات كل طرف تجاه الآخر ، ونحن من خلال هذا الجزء سنتطرق إلى أحد أهم الشروط والمتمثل في طريقة تسديد القرض أو ما يعرف بعملية استهلاك القروض.

اولا : مفاهيم عامة حول إستهلاك القروض

نعرض من خلال هذا العنصر معنى القرض، ما المقصود بإستهلاك القرض وكذا أنواع القروض.

1-تعريف القروض المصرفية:

تعرف القروض المصرفية بأنها تلك الخدمات المقدمة للعملاء، والتي يتم بمقتضاها تزويد الأفراد والمؤسسات والمنشأت في المجتمع بالأموال اللازمة على أن يتعهد المدين بسداد تلك الأموال، وفوائدها والعمولات المستحقة عليها والمصاريف دفعة واحدة، أو على أقساط في تواريخ محددة، وتدعم تلك العملية بتقديم مجموعة من الضمانات التي تكفل البنك .

-كما يعرف القرض على أنه مبلغ من المال يضعه المقرض ويسمى بالمدين لمدة زمنية معينة ولغرض معين أو غير معين على أن يدفع المقترض فائدة مقابل اقتراضه ، كما قد يكون القرض مضمونا أو غير مضمون ، ويسدد مبلغ القرض حسب الاتفاق .

2-تعريف إستهلاك القروض :

يقصد بها سداد قيمة القرض وما يترتب عليه من فوائد من قبل الشخص المقترض إلى الشخص المقرض.

-كما تعرف على أنها تحصيل البنك لمستحقاته حسب النظام المتفق عليه، وذلك إذا لم تقابله أي من الظروف السابقة عند المتابعة، وهي الإجراءات القانونية أو تأجيل السداد أو تجديد القرض لمرة أخرى.

3-أنواع القروض :

هناك عدة تقسيمات للقروض المصرفي تباعا للمعيار المتخذ كأساس للتصنيف سوءا من حيث الضمان، المدة آو القرض .

3-1-أنواع القروض حسب الضمانات: وتنقسم إلى

3-1-1- قروض غير مكفولة بضمان

تشترط البنوك عند منحها هذا النوع من القروض شرطين أساسيين هما :

* الشرط الأول: الرصيد المقرض

* الشرط الثاني: وجوب قيام العميل بسداد قروضه مرة واحدة على الأقل كل سنة.

3-2-1- قرض مكفولة بضمان

يمكن تقسيمها إلى قسمين أساسيين هما :

أ- قروض مكفولة بضمان شخصي .

ب- قروض مكفولة بضمان أصل معين .

3-2- أنواع القروض حسب المدة:

حسب هذا المعيار يمكن أن نميز نوعين أساسيينمن القروض هما:

3-2-1 قروض الاستثمار: هي تلك القروض الموجهة لتمويل الأصول الثابتة في المؤسسة أو تحويل استثماراتها، الشيء الذي يجعل هذه الأموال تبقى مدة تحت تصرف المؤسسة لذلك فالقروض المتوسطة والطويلة الأجل هي التي تتجاوب وهذا النوع من التحويل.

3-2-2 قروض الاستغلال: هي تلك القروض المرتبطة بالتمويل والتخزين والتوزيع، وغالبا ما تأخذ شكل قروض قصيرة الأجل.

3-3- أنواع القروض حسب طبيعة النشاط الممول:

في هذا المجال يمكن أن نميز بين القروض الإنتاجية والقروض الاستهلاكية.

3-4- أنواع القروض حسب الغرض منها: تنقسم القروض حسب الغرض منها إلى :

قروض تجارية ، قروض صناعية ، قروض زراعية ، قروض عقارية ، قروض شخصية.

ثانيا : طرق إستهلاك القروض

هناك عدة طرق منها مايلي :

1-سداد القرض وفوائده في نهاية المدة :

يستخدم هذا النمط في حالة اتفاق المدين مع الدائن على أن يدفع له في نهاية مدة القرض الجملة بمعنى أصل القرض وفوائده مرة واحدة ، وهذا النوع عادة يرتبط بالقروض قصيرة الأجل ، وتستخدم الصيغة التالية : **جملة القرض = القرض + الفائدة المستحقة**

1-1-في حالة الفائدة البسيطة:

إذا طبق البنك على المقرض فائدة بسيطة فإنه يحسب الجملة من خلال القانون التالي :

$V=C(1+t.n)$

مثال :

إقترض شخص مبلغ 1000دج بمعدل 10 % بفائدة بسيطة لمدة 8 أشهر ، أوجد المبلغ الكلي الذي سيدفعه المقترض في نهاية مدة القرض ؟

الحل :

$V=C(1+t.n)$

$V=1000(1+10\%.\frac{8}{12})=1066.66DA$

1-2- في حالة الفائدة المركبة :

وهذ الحالة نادرة الحدوث وإن طبقها البنك يعتمد الصيغة التالية:

$V=C(1+t)^n$

مثال :

يمنح بنك القرض الشعبي قروض لشراء سيارات بمعدل 8% لمدة 6 سنوات، على أن يدفع القرض وفوائده في نهاية المدة ، حيث أن قيمة السيارة 2000000دج ،أوجد المبلغ الذي سيدفعه المقترض ؟

الحل :

$V=C(1+t)^n$

$V=2000000(1+8\%)^6 =3173748 DA$

2-طريقة تسديد القرض في آخر المدة والفوائد بصفة دورية :

تدمج هذه الطريقة مابين التسديد على شكل دفعات من خلال تسديد الفوائد بصفة دورية ، وتسديد الأصل في نهاية مدة القرض، وعليه فإن الفوائد الدورية تحسب بالشكل التالي :

الفائدة الدورية = الفائدة الكلية على عدد الأدوار

2-1-في حالة الفائدة البسيطة :

تعتبر نوع الفائدة المعروف والمستخدم في مثل هذه الطريقة وتحسب الفائدة الدورية كمايلي :

، حيث m، يمثل مدة الدور $\mathbf{I=C.t.\frac{m}{12}}$

الفوائد الكلية = الفائدة الدورية . مدة القرض / الدور

كم تحسب كذلك بالقانون العام للفائدة، بمعنى الفائدة الكلية = الأصل . المعدل . مدة القرض

<u>مثال:</u>

إقترضت مؤسسة لصناعة الحديد والصلب مبلغ 10000دج، بمعدل 5% لمدة سنة كاملة ، وإتفقت مع البنك على تسديد القرض بعد سنة ، أما الفوائد تسدد كل شهرين ، المطلوب أوجد الفائدة الدورية المدفوعة والمبلغ الكلي .

<u>الحل :</u>

حساب الفائدة الدورية :

$=I=C.t.\frac{m}{12}$

$I=10000.\frac{2}{12}\%5 =83 ,333$ da

الفوائد الكلية = الفائدة الدورية . مدة القرض / الدور =83.3333 .2/12= 500دج

المبلغ الكلي المدفوع =أصل القرض+ الفائدة الكلية =10000+500=10500 دج

2-2-في حالة الفائدة المركبة :

نعني بها دفع الفائدة سنويا والأصل في نهاية مدة القرض ، تستخدم هذه الطريقة في حساب القروض بصورة نادرة ، إلا أنه إن أستخدمت فهي تعتمد على القوانين التالية :

في حساب الفائدة السنوية نعتمد الصيغة العامة لفائدة كل سنة على حدى بمعنى

$$\mathbf{I_n=C.t(1+t)^{n-1}}$$

الفائدة الكلية = مجموع كل الفوائد السنوية لمدة التوظيف .

كما يمكن إستخدام الصيغة العامة للفائدة الكلية في حالة الفائدة المركبة التالية :

$$\mathbf{I}=C[(1+t)^n-1]$$

3-طريقة القسط المتساوي لأصل القرض :

ترتبط هذه الطريقة بالقروض طويلة الأجل ، ويمكن أن نميز حالتين أساسيتين :

3-1-قسط متساوي من أصل القرض والفائدة في نهاية مدة القرض :

يحسب عادة القسط المتساوي من أصل القرض بقسمة الأصل على عدد السنوات القرض (القسط=الأصل/عدد السنوات)

أما فوائد القرض فيتم تسددها مرة واحدة في نهاية مدة القرض وتحسب بإستخدام الصيغة التالية

$$\mathbf{I}=C[(1+t)^n-1]$$

3-2-**قسط متساوي من أصل القرض وفوائد الأرصدة بصفة عادية :**

تعتمد هذه الطريقة في استهلاك القرض وفق منهاج الدفعات المتغيرة، وبالتالي فإن المقترض يقوم بسداد في نهاية كل وحدة زمنية دفعة تتضمن جزء من أصل القرض لهو مقدار ثابت ويحسب عادة بقسمة أصل القرض على عدد سنواته ومقدار الفائدة المتغيرة المحسوبة في كل وحدة زمنية على الرصيد المتبقي

.

مثال :

قرر أحد المتعاملين تسديد قرض قيمته6000دج ومدته 6 سنوات ، فأقترحت عليه تسديد القسط المتساوي والفائدة بصفة دورية على الرصيد المتبقي

-قم بإعداد جدول تسديد القرض إذا علمت أن معدل القرض هو 7%

الحل :

تحسب الفائدة على الرصيد المتبقي بقانون الفائدة السنوية على إعتبار أن الأصل متغير ومدته هي دائما سنة وبالتالي نعتمد القانون التالي :

$$\mathbf{I}=C.t(1+t)^{n-1}$$

البيان / السنوات	رصيد القرض لأول المدة	قيمة القرض المدفوعة سنويا	الفائدة على رصيد القرض	القسط الكلي المدفوع= قيمة القرض + الفائدة السنوية	رصيد القرض لنهاية المدة
1	6000	1000	420	1420	5000
2	5000	1000	350	1350	4000
3	4000	1000	280	1280	3000
4	3000	1000	210	1210	2000
5	2000	1000	140	1140	1000
6	1000	1000	70	1070	0

4-طريقة القسط المتساوي من الجملة :

يتم في هذه الحالة تسديد قسط متساوي مكون من الأصل والفائدة، بمعنى مجموع جملة الأقساط المتساوية المدفوعة تساوي جملة القرض

ويحسب القسط المتساوي في هذه الحالة كمايلي :

$$A=C\frac{t}{1-(1+t)^{-n}}$$

تستخرج من الجدول المالي رقم 05

مثال :

إقترض شخص مبلغ 10000دج من البنك الوطني الجزائري المعتاد التعامل معه على أن يستهلك القرض على 4 سنوات بإستخدام طريقة القسط المتساوي من الأصل والفائدة بمعدل 4%

قم بإعداد جدول إستهلاك القرض -

الحل :

حساب قيمة القسط المدفوع :

$$A=C\frac{t}{1-(1+t)^{-n}}$$

$$=10000\frac{4\%}{1-(1+10\%)^{-4}}= 10000\ .0,27549=2754\ ,9\ DA$$